Jürgen H. Schmidt

Aspekte ganzheitlicher Jüngerschaft

Praktische Auswirkungen des Evangeliums und der Nachfolge Jesu

AF175988

Das Ziel der Unterweisung aber ist
Liebe aus reinem Herzen
und aus gutem Gewissen
und aus ungeheucheltem Glauben.

(1.Timotheus 1,5 / LUT2017)

Herzlich danken möchte ich
Jürgen Irmscher
für das probeweise Durcharbeiten dieses
Jüngerschafts-Kurses im Selbststudium und
für sein wertvolles und ermutigendes Feedback
sowie
Janina Schmidt
für Lektüre, hilfreiche Anregungen
und Korrektur des Manuskripts.

Jürgen H. Schmidt

Aspekte
ganzheitlicher
Jüngerschaft
Praktische Auswirkungen
des Evangeliums
und der Nachfolge Jesu

Bibliografische Information der Deutschen Nationalbibliothek
Die Deutsche Nationalbibliothek verzeichnet diese Publikation in der
Deutschen Nationalbibliografie; detaillierte bibliografische Daten sind im
Internet über http://dnb.d-nb.de abrufbar.

© 2022 Jürgen H. Schmidt

Herstellung und Verlag: BoD – Books on Demand, Norderstedt

ISBN: 9783756814985

Schaubilder auf Seite 15 und Seite 59: Jürgen H. Schmidt

Wenn nicht anders angegeben, folgen die Bibelzitate der Elberfelder
Übersetzung (Edition CSV Hückeswagen). © 2010, Christliche
Schriftenverbreitung, Hückeswagen.
Andere Übersetzungen und ihre Abkürzungen:
LUT Lutherbibel 1984. © 1985, Deutsche Bibelgesellschaft, Stuttgart.
NeÜ Neue evangelistische Übersetzung, © 2010, Christliche
     Verlagsgesellschaft, Dillenburg.
NGÜ Neue Genfer Übersetzung, © 2011, Genfer Bibelgesellschaft

Inhalt

Vorwort

Im Jahr 2020 habe ich das Buch „Jüngerschaft mit dem Epheser-Brief" veröffentlicht, da es mir ein Anliegen war, ergänzend zu den vielen themenzentrierten Jüngerschafts-kursen, die es bereits gibt, einen anderen Ansatz vorzustellen. Auch „Aspekte ganzheitlicher Jüngerschaft" ist kein traditioneller Jüngerschaftskurs zur Schulung von Menschen, die frisch zum lebendigen Glauben an Jesus Christus gekommen sind. „Aspekte ganzheitlicher Jüngerschaft" dient vielmehr zur Ergänzung und Vertiefung bestimmter Themen, die normalerweise im Rahmen einer anfänglichen Jüngerschulung behandelt werden. Es geht insbesondere darum, ein breiteres Verständnis der empfangenen Errettung und der Herrschaft Jesu Christi zu vermitteln. Im Gegensatz zu traditionellen Jüngerschaftskursen, die u.a. grundlegende biblische Lehren („Dogmatik") vermitteln, stehen hier die praktischen Auswirkungen des Evangeliums und der Nachfolge Jesu im Vordergrund. Es geht mehr darum, wie wir leben und Beziehungen gestalten sollen, d.h., auch um ethische Aspekte des Christenlebens. Das Ganze beschränkt sich aber nicht nur auf die Beziehung zu Gott und zu Mitmenschen - wie in den meisten Fällen -, sondern es geht auch um die Beziehung zur geistlichen Welt, zur Mit-Schöpfung und materiellen Welt sowie zu sich selbst.
Ich hoffe, dass Ihnen diese Ausführungen dabei helfen, den Ansatz und das Anliegen von „Aspekte ganzheitlicher Jüngerschaft" einordnen zu können. Gleichzeitig ist es mein Wunsch und Gebet, dass dieses Buch für viele Gläubige zum Segen werden möge und es dazu beträgt, dass Gott durch unser Leben verherrlicht wird.

Jürgen H. Schmidt

Einleitung

„Aspekte ganzheitlicher Jüngerschaft" ist in erster Linie als eine Art Studienhilfe zum Gebrauch in Kleingruppen gedacht; das Buch kann aber auch zum Selbststudium verwendet werden. Um damit arbeiten zu können brauchen Sie zusätzlich eine Bibel (Altes und Neues Testament). In den folgenden Kapiteln werden hauptsächlich zwei Arten von Fragen verwendet:

1) Fragen, die dabei helfen sollen, genau hinzuschauen und zu entdecken, was wirklich im Bibeltext steht. Da sich die Antworten aus dem Bibeltext ergeben, wird darauf verzichtet, die Antworten auf diese Fragen im Buch wiederzugeben.

2) Fragen zur Reflexion und zur Anwendung. Diese Fragen sollen dabei helfen, über die Bedeutung des Bibeltextes nachzudenken und zu einer persönlichen Anwendung hinzuführen.

Beim Gebrauch von „Aspekte ganzheitlicher Jüngerschaft" im Rahmen einer Kleingruppe sollen diese beiden Arten von Fragen dazu helfen, über den Inhalt des jeweiligen Themas ins Gespräch zu kommen.

Egal, ob Sie die Themen dieses Buches alleine oder in einer Kleingruppe durcharbeiten, ich empfehle Ihnen auf jeden Fall, das jeweilige Bibelstudium mit Gebet zu beginnen und abzuschließen. Für das Eingangsgebet eignen sich sehr gut die Worte aus Epheser 1,17-19 oder aus Kolosser 1,9-14 mit der Bitte um Erleuchtung. Für das Abschlussgebet ist u.a. das Gebet aus Epheser 3,16-21 eine große Hilfe.

Für das Studium dieses Buches in Kleingruppen empfehle ich Ihnen, sich die nötige Zeit zu nehmen. Setzen Sie sich selbst und die Teilnehmer nicht unter Druck; ein Kapitel dieses Buches bzw. das darin behandelte Thema muss nicht unbedingt bei einem einzigen Kleingruppentreffen durchgearbeitet werden! Einige Kapitel/Themen sind dermaßen umfangreich, dass dies überhaupt nicht möglich ist.

Das Wichtigste ist, wirklich auf Gottes Reden durch Sein Wort zu hören, IHN besser kennenzulernen, und unser Leben durch IHN zu Seiner Ehre verändern zu lassen!

1. Jesus Christus, Retter und Herr über alles

Welche Vorstellung haben wir von der Errettung und der Herrschaft Jesu Christi? In 1.Petrus 1,9 spricht der Apostel von der „Rettung der Seelen". Der Ausdruck „Seelen retten" wurde zum Programm und zur Hauptaktivität vieler evangelikaler Missionare und Gemeinden. Selbstverständlich ist die Errettung des sündigen Menschen das Hauptthema und das Zentrum der Botschaft des Evangeliums. Allerdings geht es beim Evangelium um wesentlich mehr, als die „Rettung von Seelen" und „in den Himmel kommen", um bei Jesus Christus zu sein. Im Bestreben, die Menschen zu evangelisieren, damit sie gerettet werden, hat man oft nur die Zukunft, nach dem Tod, im Blick. Aber, was ist mit dem gegenwärtigen Leben bis zum Tod? Ist die Botschaft des Evangeliums nur auf die Zukunft ausgerichtet - oder ist sie auch eine „gute Nachricht" für unser gegenwärtiges Leben in dieser gefallenen Welt? Die aufmerksame Lektüre der Bibel zeigt uns: Ja, das Evangelium ist auch eine frohmachende und gute Nachricht für unser gegenwärtiges Leben!

Der biblische Bericht über den Sündenfall in 1.Mose 3 zeigt uns, dass die Sünde nicht nur die Beziehung zwischen dem Menschen und seinem Schöpfer zerstört hat, sondern dass sie auch weitergehende Folgen hatte. Bitte lesen Sie zunächst 1.Mose 3,1-24 bevor Sie mit der Lektüre fortfahren.

Anhand von Fragen werden wir diesen Abschnitt nun genauer untersuchen. Hinter den „Entdeckens-Fragen" ist in Klammer der Bibelvers angegeben, wo Sie die Antwort finden. Bei den Fragen zur Reflexion bzw. zur Anwendung erfolgt keine Angabe einer Bibelstelle.

1. Was tat die Schlange (Satan, vgl. Offb 12,9), um zu erreichen, dass Eva von dem verbotenen Baum isst? (1.Mo 3,1-6)

2. Wie veränderte sich die Beziehung von Adam und Eva zu ihrem eigenen Körper, nachdem sie von der verbotenen Frucht gegessen hatten? (1.Mo 3,7)

3. Auf ihre Sünde reagierte ihr Gewissen mit Schamgefühlen. Wie versuchten Adam und Eva ihr Gewissen zu beruhigen und „das Problem" zu lösen? (1.Mo 3,7) War ihre Lösung erfolgreich? (1.Mo 3,10)

4. Wie veränderte sich die Beziehung von Adam und Eva zu Gott, nachdem sie von der verbotenen Frucht gegessen hatten? (1.Mo 3,8-10)

5. Wie reagierten Adam und Eva, als Gott sie fragte, was sie getan hatten? (1.Mo 3,11-13)

6. Welche Konsequenzen hatte die Versuchung Adams und Evas für die Schlange (das Tier)? (1.Mo 3,14-15)

7. Welche Konsequenzen hatte die Versuchung Adams und Evas für Satan, der die Schlange für seine Zwecke gebraucht hatte? (1.Mo 3,15)

8. Welche Konsequenzen hatte diese erste Sünde für Adam und Eva (und für ihre Nachkommen)? (1.Mo 3,16-19)

9. Was tat Gott, um die Blöße von Adam und Eva zu bedecken und das Problem ihres schuldbeladenen Gewissens zu lösen? (1.Mo 3,21) Wer musste dabei sterben?

10. Welche weiteren Konsequenzen hatte die Sünde für Adam und Eva (und für ihre Nachkommen)? (1.Mo 3,22-24)

Der biblische Bericht zeigt auf, dass die Sünde von Adam und Eva eine ganze Reihe von Konsequenzen hatte. Ihre Sünde betraf nicht nur die Beziehung des Menschen zu seinem Schöpfer, sondern die Sünde:
• Brachte dem Menschen und seinen Mitgeschöpfen (Tieren) den Tod (1.Mo 3,19.21; vgl. 1.Mo 7,21-22).
• Zerbrach die Harmonie der ehelichen Beziehung (1.Mo 3,16). Außerdem beeinträchtigt die Sünde alle zwischenmenschlichen Beziehungen; dies wird sehr drastisch anhand von Kains Brudermord in 1.Mose 4

deutlich, aber auch im Leben der Stammväter des Volkes Israel (1.Mo 12-50).

- Hatte Auswirkungen auf die Beziehung des Menschen zu sich selbst und zu seinem eigenen Körper (1.Mo 3,7).
- Brachte den Fluch über die ganze Erde (1.Mo 3,17-18). Seit dem Sündenfall ist die Schöpfung der Vergänglichkeit unterworfen (Röm 8,20).
- Brachte eine permanente Feindschaft zwischen dem Menschen und Satan. Satan wurde zum „Fürst dieser Welt" (Joh 12,31) und „Gott dieser Welt", der den Ungläubigen den Sinn verblendet hat, „damit sie den Lichtglanz des Evangeliums von der Herrlichkeit des Christus, der Gottes Bild ist, nicht sehen." (2.Kor 4,4) Satan übt die „Macht der Finsternis" (Kol 1,13) aus. Satan fährt fort, den Menschen durch falsche Religionen zu täuschen und ihn böse Geister fürchten zu lassen.[1]

Seit dem Sündenfall, der „Ursünde" unserer Vorfahren Adam und Eva, betrifft die Sünde Tag für Tag alle Bereiche des menschlichen Lebens, indem sie vielfältige Probleme sowie Zerstörung und Tod verursacht.

Aber Gott sei Dank hat die Sünde nicht das letzte Wort, sondern es gibt Hoffnung für den sündigen Menschen! Sofort nach der ersten Sünde machte Gott die erste Ankündigung des Evangeliums (1.Mo 3,15): Gott versprach, dass ein Nachkomme der Frau (Eva) der Schlange (Satan) eine tödliche Wunde zufügen würde. D.h., in einem bestimmten Moment in der Zukunft würde der Retter kommen, um Satan zu besiegen (*„er wird dir den Kopf zertreten"*). Allerdings würde der verheißene Retter dabei schrecklich leiden (*„du wirst ihn in die Ferse stechen"*). Im Verlauf des Alten Testaments offenbarte Gott immer mehr Details über diesen verheißenen Retter. Das Neue Testament berichtet von der Erfüllung dieser Verheißung durch das Kommen des Herrn Jesus Christus und seinen stellvertretenden Tod am Kreuz.

---

[1] In vielen Kulturen prägt die Furcht vor bösartigen Geistmächten das Leben.

In Jesus wurde Gott selbst Mensch, um unser Stellvertreter zu werden:

- Jesus war ohne Sünde. Er lebte das vollkommene Leben, das wir leben sollten. Jesus erfüllte - immer und vollkommen - *alles*, was Gottes Gesetz und seine Gebote fordern. Die Gerechtigkeit des Herrn Jesus Christus ist vollkommen; nicht ein einziges Mal brach er Gottes Gesetz. Sein Leben ist makellos; nicht ein einziges Mal handelte er auf eine schändliche Art und Weise.
- Jesus starb an unserer Stelle. Er bezahlte den Preis, den das Gesetz forderte: *„Denn der Lohn der Sünde ist der Tod."* (Röm 6,23) Am Kreuz erlitt Jesus das Gericht und die Strafe, die wir aufgrund unserer Sünde verdient hätten. Am Kreuz erlitt Jesus auch den Fluch und die Schande aufgrund unserer schändlichen Taten. Jesus kam und starb, um die Werke des Teufels zu zerstören (1.Joh 3,8) und um uns aus der Macht der Finsternis (Kol 1,13) zu erretten.

Doch Jesus ist nicht nur unser Stellvertreter, Er ist auch der Vermittler zwischen uns und Gott (1.Tim 2,5-6; Hebr 8,6; 9,15; 12,24). Jesus stellt unsere Beziehung zu Gott wieder her, Er ist der Weg zum Vater (Joh 14,6). Wir müssen nun keine Angst mehr vor Gott haben wie einst Adam (vgl. 3.Mo 3,10) oder Menschen, die Gottes Zorn fürchten (vgl. Offb 6,15-17); sondern als Gläubige dürfen wir nun eine angstfreie Beziehung zu Gott haben (1.Joh 4,17-18). Durch Jesus haben wir nun Frieden mit Gott! (Röm 5,1f; Kol 1,20-23)

Jesus erfüllte die im Verlauf des Alten Testaments gegebenen Verheißungen des Evangeliums. Gegenwärtig leben wir im Zeitalter der weltweiten Verkündigung des Evangeliums. Jesus fordert auch uns heute dazu auf, umzukehren, an das Evangelium zu glauben (vgl. Mk 1,15) und Ihm nachzufolgen (vgl. Mt 8,22; 9,9; 16,24; 19,21). Haben Sie das bereits getan? Sind Sie zu Gott umgekehrt? Glauben Sie an das Evangelium? Folgen Sie Jesus nach?

In Römer 10,9-10 schreibt der Apostel Paulus: *„Wenn du mit deinem Mund Jesus als Herrn bekennst und in deinem Herzen* *glaubst, dass Gott ihn aus den Toten auferweckt hat, du gerettet werden wirst. Denn mit dem Herzen wird geglaubt zur Gerechtigkeit, mit dem Mund aber wird bekannt zum Heil."* Wenn Sie wirklich von ganzem Herzen glauben, dass Jesus der Sohn Gottes ist, der als Ihr Stellvertreter am Kreuz für Ihre Sünden gestorben ist und danach wieder aus den Toten auferweckt wurde, und wenn Sie öffentlich bekennen, dass Jesus Christus der Herr - Ihr Herr - ist, dann werden Sie gerettet werden.

In Epheser 2,8-10 macht Paulus deutlich, dass die Errettung allein durch Glauben (Glauben an Jesus Christus), allein durch Gnade (eine Gabe Gottes, die wir nicht durch gute Werke verdienen können) und allein durch Christus erfolgt (Jesus Christus ist der Retter): *„Denn durch die Gnade seid ihr errettet, mittels des Glaubens; und das nicht aus euch, Gottes Gabe ist es; nicht aus Werken, damit niemand sich rühme. Denn wir sind sein Werk, geschaffen in Christus Jesus zu guten Werken, die Gott zuvor bereitet hat, damit wir in ihnen wandeln sollen."*

Das Neue Testament macht deutlich, dass wir durch den Glauben an Jesus Christus bereits Erlösung erlangt haben. Als Gläubige haben wir jedoch noch keinen verherrlichten Körper, sondern wir leben weiter wie jeder Sterbliche in dieser gefallenen Welt und kämpfen weiter mit der Sünde, bis uns der physische Tod unseres Körpers eines Tages erreichen wird. Das heißt, wir haben das endgültige Ziel *noch nicht* erreicht, unsere Errettung ist *noch nicht* vollständig, sie ist *noch nicht* vollendet. Wir warten darauf, dass der Herr Jesus Christus zurückkehrt und uns leibhaftig von den Toten auferweckt. In Philipper 3:20-21 drückt Paulus es folgendermaßen aus: *„Doch wir haben unser Bürgerrecht im Himmel. Von dort her erwarten wir auch unseren Retter und Herrn Jesus Christus. Er wird unseren armseligen vergänglichen Leib verwandeln, sodass er dann seinem verherrlichten Körper entsprechen wird. Das geschieht mit der Kraft, in der er sich alle Dinge unterwerfen kann."* (NeÜ; vgl. 1 Thes 4,13ff; 1.Kor 15,51ff)
Wir sind also, während wir noch in dieser Welt leben, bereits Bürger des Himmels und gehören dem Reich Gottes an. Eine

unserer Aufgaben hier auf Erden ist es, „Botschafter Christi" zu sein. In 2.Korinther 5,20 beschreibt Paulus unsere Aufgabe: *„So sind wir nun Botschafter an Christi Statt, denn Gott ermahnt durch uns; so bitten wir nun an Christi Statt: Laßt euch versöhnen mit Gott!"* (Lut) Das heißt, wir sind immer noch hier auf Erden als Boten Christi, um das Evangelium zu verkünden und die Menschen zu bitten, sich mit Gott zu versöhnen. Sind Sie als „Botschafter Christi" an der Ausführung dieser Aufgabe beteiligt?

Sowohl Römer 10,9 als auch Philipper 3,20 zeigen eindeutig, dass Jesus der Retter *und* der Herr ist. Jesus rettet uns, aber Er ist auch die oberste Autorität des Universums. Daher müssen wir Seine Herrschaft anerkennen, insbesondere Sein Recht alle Bereiche unseres Lebens zu regieren. Erlauben Sie Jesus, Ihr ganzes Leben zu regieren? Oder gibt es da noch Bereiche, die Sie der Herrschaft Jesu nicht unterstellen (wollen)?

Nachfolgende Zeichnung illustriert die verschiedenen Beziehungen zur Welt, die uns umgibt:

Die Beziehungen eines Jüngers Jesu Christi

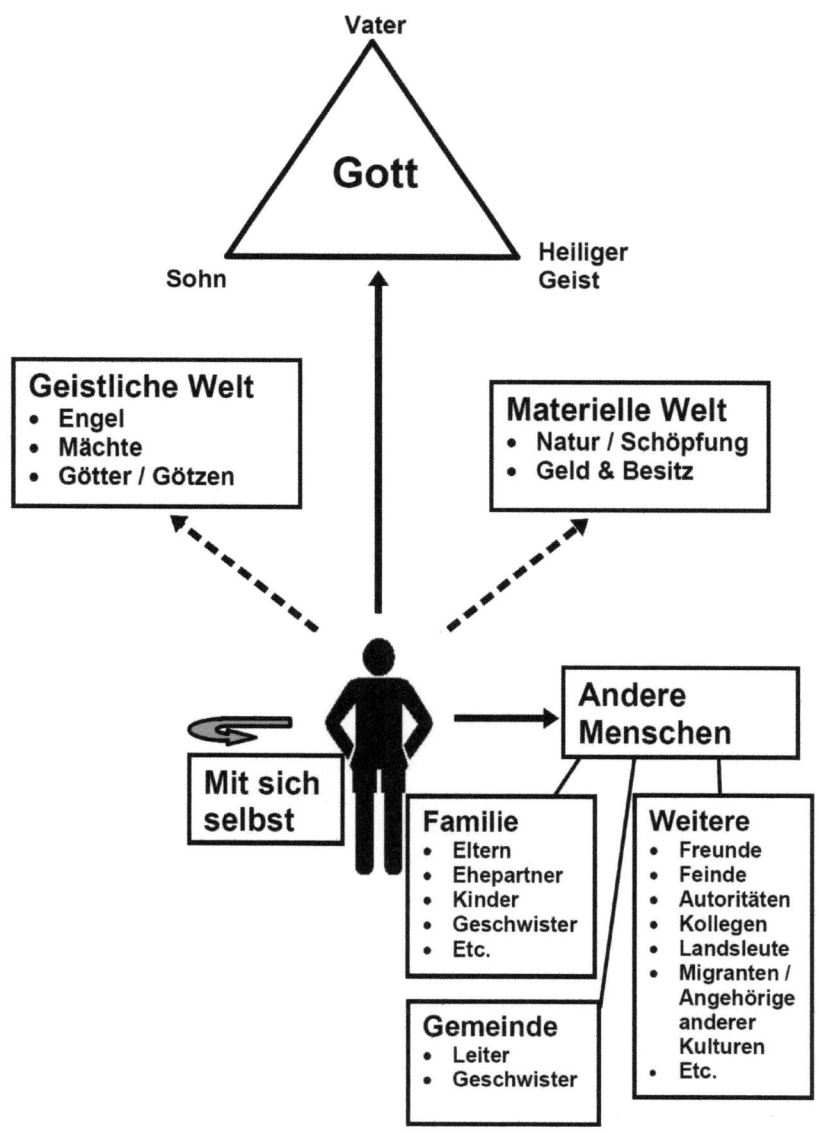

Wir sahen bereits, dass der Sündenfall Auswirkungen auf alle diese Beziehungen hatte. Die Sünde beeinflusste unsere Beziehung

- zu Gott
- zur geistlichen Welt
- zu uns selbst
- zu anderen Menschen
- zur Mitschöpfung und materiellen Welt

Die Botschaft des Evangeliums ist eine Botschaft der Versöhnung (vgl. 2.Kor 5,20). In erster Linie geht es dabei um die Versöhnung zwischen dem sündigen Menschen und seinem Schöpfer. D.h., alles *beginnt* mit unserer Versöhnung mit Gott. Aber die Botschaft des Evangeliums beschränkt sich nicht auf die Versöhnung des Menschen mit Gott, sondern sie konzentriert sich auch auf die Wiederherstellung zwischenmenschlicher Beziehungen zu anderen Menschen. Darüber hinaus hat die Botschaft des Evangeliums mit unserer Beziehung zu uns selbst, zur geistlichen Welt und zur materiellen Welt zu tun. Die Sünde hat diese Beziehungen in Unordnung gebracht, aber Jesus Christus, unser Herr, möchte die richtige Ordnung wiederherstellen.

Angesichts der unterschiedlichen Beziehungen, die wir mit der Welt um uns herum haben, lauten die Schlüsselfragen:

Jetzt, wo ich Jesus Christus als Retter und Herrn kennengelernt habe, ...
... wie verändert sich meine Beziehung zu Gott?
... wie verändert sich meine Beziehung zu anderen Menschen?
... wie verändert sich meine Beziehung zur geistlichen Welt?
... wie verändert sich meine Beziehung zur Mitschöpfung und materiellen Welt?
... wie verändert sich meine Beziehung zu mir selbst?

Wie soll ich jetzt, als Jünger Jesu Christi, in Bezug auf die Welt um mich herum leben?

- Wie soll ich mich Gott gegenüber verhalten?
- Wie soll ich mit anderen Menschen umgehen?
- Wie soll ich mit der Realität einer geistlichen Welt umgehen?

- Wie soll ich mit materiellen Dingen umgehen? Wie soll ich die Schöpfung behandeln? Wie soll mein Umgang mit Tieren sein?
- Wie soll ich mit mir selbst umgehen?

Zusammenfassend können wir sagen: Wenn ein Mensch zum lebendigen Glauben an Jesus Christus kommt, dann verändert sich nicht nur seine Beziehung zu Gott; sein ganzes Leben verändert sich (bzw. sollte sich verändern)! Dazu gehört auch, dass sich seine Beziehung zur Welt, die ihn umgibt verändert. Das bedeutet, dass er lernen muss, in seiner Beziehung zu allem um ihn herum als Jünger des Herrn zu leben. Die Herrschaft Jesu Christi muss *alle* Bereiche seines Lebens beeinflussen und verändern.

In den folgenden Kapiteln werden wir über unsere unterschiedlichen Beziehungen zur Welt um uns herum nachdenken und entsprechende Bibelstellen dazu studieren. Das Ziel dabei ist nicht nur, entsprechende Erkenntnisse zu erlangen, sondern auch, dass es zu praktischen Veränderungen in unserem Leben kommt. In Römer 12,2 werden wir als Gläubige dazu aufgefordert: *„Richtet euch nicht länger nach den Maßstäben dieser Welt, sondern lernt, in einer neuen Weise zu denken, damit ihr verändert werdet und beurteilen könnt, ob etwas Gottes Wille ist – ob es gut ist, ob Gott Freude daran hat und ob es vollkommen ist."* (NGÜ)

Zum Nachdenken:
- Habe ich beim Lesen dieses Kapitels etwas Neues gelernt? Was?
- Hat Gott durch Sein Wort (die Bibelstellen in diesem Kapitel) zu mir gesprochen? Was?

2. Die Beziehung zu Gott

Nach der grundlegenden Einführung in das Thema wollen wir uns nun in den folgenden Kapiteln näher mit den verschiedenen Beziehungen - zu Gott, zu anderen Menschen, zur geistlichen Welt, zur Mitschöpfung und materiellen Welt und zu uns selbst - beschäftigen. Dabei wollen wir mit der wichtigsten Beziehung beginnen, mit Gott, denn die Versöhnung mit Ihm ist der erste und grundlegendste Schritt, der auch Einfluss auf alle anderen Beziehungen hat. Wenn wir in der rechten Beziehung zu Gott stehen, dann können auch alle anderen Beziehungen in die richtige und angemessene Ordnung kommen. Es geht dabei ganz grundsätzlich um folgende Fragen:

- Jetzt, wo ich Jesus Christus als Retter und Herrn kennengelernt habe, wie verändert sich meine Beziehung zu Gott?
- Wie soll ich mich Gott gegenüber verhalten?

Im Verlauf dieses Kapitels wollen wir über folgende Aspekte nachdenken, die mit unserer Beziehung mit Gott zu tun haben:

- Gott lieben
- Gott gehorchen
- Gott ehren und verherrlichen
- Gott fürchten
- Unsere persönliche Beziehung mit Gott pflegen

Gott lieben

Das Besondere am Evangelium und an der Botschaft der Bibel ist, dass Gott ein Gott der Liebe ist! Gott liebt den Menschen, obwohl dieser ein Sünder ist und sich von Gott abgewandt hat. Gott bewies Seine Liebe sichtbar, klar und deutlich als er Seinen einzigen Sohn in diese Welt sandte, um uns zu retten. Jesu Tod am Kreuz - als unser Stellvertreter - ist Gottes offensichtlicher Liebesbeweis.

📖 Bitte schlagen Sie Ihre Bibel auf, bevor sie mit der Lektüre fortfahren, und lesen Sie dort Johannes 3,16 und Römer 5,6-8.

Wie sollen wir auf Gottes Liebe antworten? Nun, das Natürlichste ist, auf Liebe mit Liebe zu antworten und Gott zu lieben! Gott zu lieben hat einerseits mit unseren Gefühlen für Ihn zu tun, aber nicht nur, sondern es geht dabei auch um etwas sehr Praktisches. Gott gehorchen und Sein Wort zu befolgen ist eine sehr konkrete und praktische Art, Gott zu lieben. Jesus hat das am Abend vor seinem Tod klar zum Ausdruck gebracht: *„Wenn ihr mich liebt, werdet ihr meine Gebote befolgen."* (Johannes 14,15; NeÜ) Doch leider antworten wir nicht immer auf diese Weise auf Gottes Liebe. Wie ist das bei Ihnen, lieben Sie Gott?

Manchmal fällt uns allein schon die Vorstellung „Gott zu lieben" schwer. Diese Schwierigkeit hat mit unserer Denkweise zu tun, insbesondere aufgrund unseres kulturellen und religiösen Hintergrunds, aber manchmal auch aufgrund unserer Erfahrungen. In solchen Fällen braucht es eine Erneuerung und Veränderung unseres Denkens (vgl. Röm 12,2).
Durch den Glauben an den Herrn Jesus Christus und Seinen stellvertretenden Tod am Kreuz sind wir mit Gott versöhnt worden (vgl. 2.Kor 5,19) und infolgedessen hat sich unsere Beziehung zu Gott verändert. Wir haben jetzt eine persönliche Beziehung zu unserem Gott und Schöpfer, eine Liebesbeziehung! Und mehr noch, jetzt ist Gott unser himmlischer Vater. Der Gläubige ist ein „Kind Gottes" geworden; er wurde von Gott als Sohn/Tochter adoptiert und gehört nun zur „Familie Gottes".

📖 Bitte lesen Sie in der Bibel Johannes 1,12-13; Römer 8,14-17; Galater 3,26 und 1.Johannes 3,1-2, bevor Sie mit der Lektüre fortfahren.

Wie fühlen Sie sich bei dem Gedanken, dass Sie nun eine Tochter oder ein Sohn Gottes sind und jetzt zur Familie Gottes gehören?

Für viele ist es etwas völlig Neues und Unbekanntes, Jesus Christus persönlich kennenzulernen, ein „Kind Gottes" zu sein und eine „persönliche Liebesbeziehung zu Gott" zu haben. Dies gilt insbesondere für Menschen, die nicht in einer christlichen Familie oder mit einem christlich geprägten Hintergrund aufgewachsen sind. In vielen nicht-christlichen Weltbildern und Religionen ist die Vorstellung von einer Liebesbeziehung zu Gott oder die Vorstellung von Gott als liebendem Vater völlig unbekannt. Während meines Missionsdienstes in Peru habe ich unter Ethnien im Amazonasgebiet gearbeitet, die traditionell eine animistische Weltanschauung haben. Ein Merkmal dieser animistischen Weltbilder ist, dass die Menschen Angst vor Geistern und Göttern haben. Bösartige Geistwesen werden sehr gefürchtet, daher meidet man jeglichen Kontakt mit ihnen, um sich auf diese Weise vor ihnen zu schützen. Durch Rituale und Opfergaben sollen die vermeintlich gutartigen Geistwesen und Götter besänftigt und ihre Gunst gewonnen werden, um Hilfe zu erhalten; doch eine Liebesbeziehung zu diesen Göttern und Geistwesen gibt es nicht. Wenn jemand aus einer Kultur mit einer traditionellen animistischen Weltanschauung Jesus Christus als seinen Herrn und Retter annimmt, dann ist es oft ein neuer Gedanke für ihn, Gott zu lieben; meist ist er mehr darauf fokussiert seine religiösen Pflichten zu erfüllen und alles richtig zu machen. Ähnliches gilt vermutlich auch für Menschen, die von anderen nicht-christlichen Religionen geprägt wurden und dann zum Glauben an Jesus Christus finden.

Eine weitere Schwierigkeit, Gott als liebenden Vater zu erkennen und lieben zu lernen, kann mit den Erfahrungen mit dem eigenen leiblichen Vater oder mit anderen Autoritäts- und Bezugspersonen zusammenhängen. Die negativen Erfahrungen mit dem leiblichen Vater - seien es Vernachlässigung, Gewalt, Missbrauch, Gleichgültigkeit oder Ähnliches - werden auf Gott projiziert und verursachen Angst und Misstrauen. Dies beeinträchtigt unser Vermögen, IHM vorbehaltlos zu vertrauen und uns an IHM zu erfreuen.[2]

---

[2] Das empfehlenswerte Buch „Das Vaterherz Gottes" von Floyd McClung beschäftigt sich ausführlich mit den Auswirkungen einer gestörten Vater-Beziehung auf die Beziehung zu Gott als Vater und zeigt einen Weg zur Heilung auf.

Wenn Sie mit einem christlich geprägten Hintergrund aufgewachsen sind:

- Inwiefern hilft Ihnen diese Prägung in der Beziehung zu Gott als Ihrem Sie liebenden Vater?
- Gab es da auch Einflüsse, die weniger hilfreich waren, wie z.B. eine starke Betonung auf die Erfüllung religiöser Pflichten und Gebote, sodass der Beziehungsaspekt dabei kaum zum Tragen kam?

Wenn Sie mit einem nicht-christlich geprägten Hintergrund aufgewachsen sind:

- Inwiefern kennt die religiöse Tradition, mit der Sie aufgewachsen sind, den Gedanken an eine persönliche Beziehung mit Gott und der Liebe zu Gott?
- Inwiefern sind Sie davon geprägt, „die religiösen Pflichten zu erfüllen und alles richtig zu machen"? Wie geht es Ihnen bei dem Gedanken, Gott zu lieben?

Gottes Wort sagt, dass wir Gott lieben sollen.
- 📖 Bitte lesen Sie 5.Mose 6,5; Matthäus 22,36-38 und Markus 12,28-30, bevor Sie mit der Lektüre dieses Buches weitermachen.

Diese Verse zeigen deutlich, dass es ein Gebot und somit unsere Pflicht ist, Gott zu lieben. Wir sollen Gott lieben! Wenn wir jedoch versuchen, Gott nur aus frommer Pflichterfüllung zu lieben, das heißt, weil wir es müssen, dann stimmt etwas in unserem Leben nicht und als Folge davon werden wir Gott nicht so lieben, wie Er es verdient. Gott zu lieben ist *viel mehr* als eine Pflicht, es ist eine natürliche Reaktion auf die Liebe Gottes, die Er in unser Leben ausgegossen und zum Ausdruck gebracht hat. Gott möchte, dass wir Ihn von *ganzem Herzen* lieben, dass wir Ihn *wirklich* lieben!

📖 Bitte lesen Sie Lukas 7,36-50 und denken Sie über folgende Fragen nach:

- Wer zeigte dem Herrn Jesus Christus mehr Liebe? Simon, der Pharisäer oder die Sünderin? Warum?
- Warum ist es falsch zu denken: „Ich muss viel sündigen,

damit Gott mir viel vergeben kann und ich Gott mehr lieben kann als ein Mensch, der weniger gesündigt hat"?

- Schätzen Sie Gottes Vergebung? Was empfinden Sie, wenn Sie daran denken, dass der Herr Jesus Christus so viel für Sie gelitten hat, als er am Kreuz starb?

Gott gehorchen

In 5.Mose 13,5 heißt es: *„Dem HERRN, eurem Gott, sollt ihr nachfolgen und ihn fürchten; und ihr sollt seine Gebote halten und seiner Stimme gehorchen und ihm dienen und ihm anhangen."*

- Warum ist es wichtig, dass wir Gott gehorchen?
- Wie wirkt sich Ungehorsam auf unsere Beziehung zu Gott aus?

Beim Nachdenken über 1.Mose 3 im vorhergehenden Kapitel haben wir gesehen, dass die Entscheidung Adams, Gott und seinen Geboten nicht zu gehorchen, ihn dazu brachte, die erste Sünde zu begehen, und als Folge wurde er von Gott getrennt. Es ist eine Tatsache, dass Ungehorsam zwischenmenschliche Beziehungen beeinflusst, z.B. die Beziehung zwischen einem Vater und seinem ungehorsamen Sohn. Wie viel mehr wird unser Ungehorsam unsere Beziehung zu Gott beeinflussen? Wir haben auch gesehen, dass wir durch den stellvertretenden Tod des Herrn Jesus Christus am Kreuz und durch den Glauben an ihn und sein Erlösungswerk gerettet und mit Gott versöhnt wurden. Das heißt, unsere Beziehung zu Gott wurde wiederhergestellt, wir haben jetzt Gemeinschaft mit Gott. Das ist die gute Nachricht! Wir müssen uns jedoch bewusst sein, dass wir jedes Mal, wenn wir Gott ungehorsam sind, sündigen und die Sünde unsere Beziehung und Gemeinschaft mit Gott beeinträchtigt. In diesem Fall sollten wir so schnell wie möglich unseren Ungehorsam und unsere Sünde als solche anerkennen, uns an Gott wenden, unsere Sünde bekennen (vgl. 1.Joh 1,9) und Ihn um Vergebung bitten, damit die Gemeinschaft mit Ihm wiederhergestellt wird.

Im vorhergehenden Punkt „Gott lieben", sahen wir, dass Gott

unser himmlischer Vater ist, der uns als Seine Kinder adoptiert hat.

📖 Bitte lesen Sie 1.Petrus 1,14-19 und denken Sie über folgende Fragen nach:[3]
- Wie sollen wir als Kinder Gottes leben?
- Warum sollen wir auf diese Art und Weise leben?
- Womit müssen wir rechnen, wenn wir als ungehorsame Kinder leben?

Als wir der Botschaft des Evangeliums glaubten und zu Gott umkehrten, haben wir uns auch dazu entschieden, unsere Rebellion gegen Gott zu beenden und Jesus Christus als Herrn und höchste Autorität im Universum anzuerkennen. Das heißt, authentische Umkehr impliziert den Wunsch, auf Wegen Gottes zu gehen und dem Herrn zu gehorchen.

📖 Bitte lesen sie Matthäus 7,21-23 und Lukas 6,46-49.
- Warum reicht es nicht aus, einfach mit Worten zu bekennen, dass Jesus Christus unser Herr ist?
- Warum ist es weise, zu hören und zu befolgen, was der Herr Jesus Christus sagt?

📖 Bitte lesen sie Johannes 14,15-24.
- Wie lieben wir den Herrn Jesus Christus ganz praktisch?
- Wie lebt jemand, der den Herrn Jesus Christus nicht liebt?

Vielleicht haben Sie bemerkt, dass viele Verse, die davon sprechen, Gott zu gehorchen, auf „Gottes Gebote" Bezug nehmen und davon sprechen, auf das „zu hören, was Gott/Jesus sagt". Das heißt, Gehorsam setzt immer voraus, dass wir *gehört* haben, was Gott uns in seinem Wort sagt. Eine wichtige Frage ist, wollen wir, dass Gott zu uns spricht? Wollen wir hören, was Gott uns durch sein Wort – die Bibel – sagen

---

[3] Im weiteren Verlauf des Buches werde ich Sie bitten, Bibelstellen zu lesen; gleichzeitig werde ich Fragen dazu stellen. Die hier gebrauchte Formulierung „... und denken Sie über folgende Frage nach" werde ich künftig weglassen. Bitte nehmen Sie sich trotzdem die Zeit, um über die jeweils gestellte(n) Frage(n) nachzudenken.

will? Wenn wir wirklich die Einstellung haben, Gott gehorchen zu wollen, werden wir auch die Bibel lesen und studieren, um auf Gott zu hören und seinen Willen zu kennen.

Zum Nachdenken:
- Welche Einstellung bringt ein Christ zum Ausdruck, der sich keine Zeit nimmt, um die Bibel zu lesen?
- Warum ist es wichtig, die Bibel alleine zu Hause, aber auch zusammen mit anderen zu studieren?
- Haben Sie die Einstellung, Gott gehorchen zu wollen?
- Wie fühlen Sie sich, wenn Sie Gott ungehorsam sind?
- Was tun Sie, wenn Sie merken, dass Sie Gott ungehorsam waren?

Gott ehren und verherrlichen
„Du bist würdig, o unser Herr und unser Gott, zu empfangen die Herrlichkeit und die Ehre und die Macht; denn du hast alle Dinge erschaffen, und deines Willens wegen waren sie und sind sie erschaffen worden." (Offenbarung 4,11)

Bevor Sie weiterlesen, denken Sie bitte zunächst über folgende Fragen nach:
- Was bedeutet es, „Gott zu ehren"?
- Was bedeutet es, „Gott zu verherrlichen"?
- Warum gebühren Gott die Herrlichkeit und die Ehre?

Es besteht eine enge Beziehung zwischen Gott zu ehren und Ihn zu verherrlichen. Jemanden zu *ehren*, hat mit der Ehre dieser Person zu tun, das heißt, mit seinem guten Charakter und seinem guten Ruf. Wenn wir eine Person ehren, anerkennen und schätzen wir ihren guten Ruf. Das Gegenteil von jemandem ehren ist, ihn zu beschämen. Zum Beispiel indem man öffentlich oder heimlich über seinen schlechten Charakter und/oder seine schlechten Taten spricht. Das heißt, ob wir eine Person ehren oder nicht, hängt normalerweise davon ab, wie wir ihren Charakter und ihre Handlungen bewerten. Im Fall von Gottes Ehre ist das anders: Da Gott heilig ist und einen vollkommenen Charakter hat, verdient Gott alle Ehre; es gibt keinen Grund,

Gott nicht zu ehren! Wir müssen Gott ehren, wir müssen Ihn mit dem Respekt behandeln, den Er verdient. Das impliziert, dass wir als Kinder Gottes auf eine Weise leben sollen, die Gott Ehre bringt. Wir dürfen nicht schändlich handeln, denn unser Verhalten wird auch den Ruf der Familie Gottes und unseres himmlischen Vaters beeinträchtigen.

Gott zu *verherrlichen* hat mit der Herrlichkeit Gottes zu tun. Gott ist herrlich, weil er heilig, vollkommen und unendlich wertvoll ist. Außerdem zeigen und reflektieren die Werke Gottes - seine Schöpfung und sein Erlösungswerk durch Jesus Christus - Seine Herrlichkeit wie ein Spiegel. Deshalb sollen auch wir Gott durch unsere Worte und unser Verhalten verherrlichen. Das heißt, wir sollen mit unseren Worten und Taten auf unseren Schöpfer und Retter hinweisen und deutlich machen, dass alles, was wir sind und haben, allein Seiner Güte und Gnade zu verdanken ist. Wenn wir Gott verherrlichen, geben wir Ihm Ehre für das, was wir sind, was wir haben, was Gott in unserem Leben getan hat usw. Aufgrund fehlender Kenntnis der Heiligen Schrift hat man das christliche Leben und die Anbetung Gottes leider oft auf den sonntäglichen Gottesdienst reduziert. Es ist üblich geworden, Gott im Gottesdienst mit Lobpreis- und Anbetungsliedern zu ehren und anzubeten. Aber was ist mit dem Rest unseres christlichen Lebens, wenn wir keine Gottesdienste feiern und uns nicht als Gemeinde treffen? Wie ehren und verherrlichen wir Gott in unserem täglichen Leben?

In Römer 12,1 schreibt der Apostel Paulus: *„Ich ermahne euch nun, liebe Brüder, durch die Barmherzigkeit Gottes, daß ihr eure Leiber hingebt als ein Opfer, das lebendig, heilig und Gott wohlgefällig ist. Das sei euer vernünftiger Gottesdienst."* (Lut) Ist es nicht interessant, dass im Neuen Testament nie die Rede davon ist „Gottesdienste zu feiern", sondern nur vom Zusammenkommen bzw. sich Versammeln der Gemeinde gesprochen wird? Paulus macht deutlich, dass der „vernünftige Gottesdienst" (oder „wahre Gottesdienst", NeÜ, NGÜ) die vollständige Selbsthingabe des Gläubigen an Gott als lebendiges, heiliges und wohlgefälliges Opfer ist - und dies nicht nur in den Gemeindezusammenkünften, sondern jederzeit. In den darauf folgenden Versen und Kapiteln im Römerbrief erklärt Paulus dann ausführlicher, was es bedeutet, sich selbst als lebendiges, heiliges und wohlgefälliges Opfer hinzugeben, sodass Gott auf diese Weise durch unser Leben verherrlicht und geehrt wird.

📖 Bitte lesen Sie Römer 12,2-21.
- Wie wird Gott geehrt und verherrlicht, wenn wir das praktizieren, was Paulus in diesem Abschnitt geschrieben hat?

📖 Bitte lesen Sie 1.Korinther 10,31-33.
- Was immer wir tun, zu welchem Zweck sollen wir es tun?
- Was ist eine Art zu essen und zu trinken, die Gott nicht ehrt?
- Was kann geschehen, wenn wir auf eine Weise handeln, die Gott nicht ehrt?

📖 Bitte lesen Sie 1.Samuel 2,30.
- Wie wird Gott diejenigen behandeln, die Ihn ehren? Wie wird er diejenigen behandeln, die Ihn verachten?

📖 Bitte lesen Sie Sprüche 3,9-10.
- Wie sollen wir Gott mit unserem Besitz ehren?

📖 Bitte lesen Sie Jesaja 42,8.
- Auf welche Weise wird Gott durch Götzendienst entehrt?

📖 Bitte lesen Sie 1.Timotheus 6,1-2.
- Inwiefern wird das Fehlverhalten eines Gläubigen als Arbeiter oder Angestellter an seinem Arbeitsplatz Auswirkungen auf Gottes Ehre haben?

📖 Bitte lesen Sie Römer 15,5-6.
- Was passiert, wenn es Zwietracht oder sogar Spaltungen in einer christlichen Gemeinde gibt?

📖 Bitte lesen Sie 1.Korinther 6,18-20.
- Was sind die Folgen sexueller Unmoral eines Gläubigen?

📖 Bitte lesen Sie Römer 11,36; 1.Timotheus 1,17 und Offenbarung 4,11.
- Warum verdient Gott es, geehrt und verherrlicht zu werden?

Zum Nachdenken:
Der große Westminster-Katechismus beginnt mit der Frage: „Was ist die vornehmste und höchste Bestimmung des Menschen?" Er gibt darauf folgende Antwort: „Die vornehmste und höchste Bestimmung des Menschen ist, Gott zu verherrlichen und ihn vollkommen zu genießen in alle Ewigkeit."
- Sind Sie sich dieser vornehmesten und höchsten Bestimmung bewusst? Was denken Sie darüber?
- Inwieweit wird Gott durch Ihren Lebensstil verherrlicht und geehrt?
- Inwiefern hat Ihr Verhalten Auswirkungen auf die Art und Weise, wie Außenstehende über Gott und den christlichen Glauben denken?

Gott fürchten

Ein weiterer Aspekt unserer Beziehung zu Gott ist die Gottesfurcht. Gott zu fürchten bedeutet nicht, Angst vor Ihm zu haben. Durch den Glauben an Jesus und seinen stellvertretenden Tod am Kreuz wurden wir mit Gott versöhnt (Röm 5,10-11; 2.Kor 5,18-19); wir haben nun Frieden mit Gott (Röm 5,1; Kol 1,20-23) und können nun eine angstfreie Beziehung mit Gott führen (vgl. 1.Joh 4,16-18). Nein, wir brauchen keine Angst mehr zu haben, aber wir sollen Gott fürchten.
Gottesfurcht bedeutet einen tiefen Respekt (Ehrfurcht) vor Gott zu haben, der auch Auswirkungen auf unser Verhalten hat. Das heißt, wer Gott fürchtet, ehrt Ihn nicht nur mit seinen Lippen, sondern auch mit seinem Tun. Wir stellen also fest, dass es eine enge Beziehung zwischen „Gottesfurcht" und „Gott zu ehren und zu verherrlichen" gibt. Das Ergebnis mangelnder Gottesfurcht ist gewöhnlich, dass Gott nicht geehrt oder verherrlicht wird.

📖 Bitte lesen Sie 5.Mose 10,12-13.
- Welche Beziehung besteht zwischen Gottesfurcht, der Liebe

zu Gott und dem Gehorsam gegenüber Gott?

📖 Bitte lesen Sie Psalm 36,1-2.
- Welche Beziehung besteht zwischen der Sünde und fehlender Gottesfurcht?

📖 Bitte lesen sie Sprüche 1,7; 9,10 und 15,33.
- Welche Beziehung besteht zwischen Gottesfurcht und Weisheit?

📖 Bitte lesen Sie 3.Mose 19,14.32 und 25,17.
- Auf welche Weise soll sich unsere Gottesfurcht praktisch erweisen?

📖 Bitte lesen Sie 2.Korinther 7,1.
- Was sollen wir in der Furcht Gottes tun?

Zum Nachdenken:
- Was überwiegt in Ihrem Leben: Angst vor Gott oder Gottesfurcht? Was könnten mögliche Gründe dafür sein?
- Wie zeigt Ihr Reden und Handeln, dass Sie Gott fürchten?

Unsere persönliche Beziehung mit Gott pflegen

Im Abschnitt „Gott lieben" sahen wir bereits, dass wir durch den Glauben an den Herrn Jesus Christus und seinen stellvertretenden Tod am Kreuz mit Gott versöhnt wurden (vgl. 2.Kor 5,19) und sich infolgedessen unsere Beziehung zu Gott verändert hat. Wir haben nun eine persönliche Beziehung zu unserem Gott und Schöpfer; eine Beziehung, die von Liebe geprägt ist. Außerdem ist Gott nun unser Vater im Himmel, denn Gott hat uns als Seine Kinder adoptiert und uns in Seine Familie aufgenommen.

Nun geht es darum, gemäß diesen geistlichen Wahrheiten zu leben. Dazu gehört, unsere persönliche Beziehung zu Gott zu pflegen bzw. zu „kultivieren". Der Begriff „kultivieren" stammt aus der Landwirtschaft: Man kultiviert ein Landstück, um es urbar zu machen, und bepflanzt es, damit es gute Frucht bringt - und kein Unkraut! Während dem Kultivieren wird der Boden vorbereitet,

Steine und Unkraut werden entfernt, es wird gesät, bewässert und gegen Schädlinge vorgegangen etc. Damit unsere Beziehung zu Gott wächst und unser Leben zur Ehre Gottes Früchte trägt, müssen wir etwas Ähnliches tun:

- Der „Boden unseres Herzens" muss zubereitet werden, damit er die Saat von Gottes Wort aufnehmen kann.
- Das „Unkraut in unserem Herzen" muss entfernt werden, indem wir unsere Sünden erkennen, bekennen und Gott dafür um Vergebung bitten.
- Die „gute Saat" muss in unser Herz ausgesät werden, indem wir täglich in der Bibel lesen und über das Gelesene nachdenken.
- Die in unserem Herzen aufgehende Saat des Wortes Gottes muss durch das tägliche Gebet „bewässert" werden.
- Die in unserem Leben entstehende Frucht muss vor „Schädlingen" geschützt werden, indem wir den guten Kampf des Glaubens kämpfen (vgl. Eph 6,10ff; 1.Tim 6,12) und Gott gehorchen.

Der erste und wichtigste Weg, unsere persönliche Beziehung zu Gott zu pflegen, besteht darin, sich jeden Tag (am besten morgens, vor Beginn der täglichen Arbeit) eine „Andachtszeit" oder „Stille Zeit" allein mit Gott zu nehmen.

📖 Bitte lesen sie Markus 1,35 und Lukas 5,16.
- Was lehrt uns das Beispiel unseres Herrn Jesus Christus?

📖 Bitte lesen Sie 2.Timotheus 3,15-16.
- Warum ist es so wichtig, jeden Tag die Bibel zu lesen und zu studieren?

Beziehungspflege ist wichtig - und sie erfordert Zeit. Das gilt für alle Arten von Freundschaften, auch für die Freundschaft mit Gott. Daher ist es gut, jeden Tag möglichst einen festen Zeitabschnitt dafür einzuplanen und zu reservieren, um mit Gott zu sprechen („beten") und darauf zu hören, was Er uns durch Sein Wort sagen will („Bibellesen").

Das Gebet: Im Gebet sprechen wir mit Gott über alles, was uns beschäftigt und bewegt. In unserem Gebet:

- Danken wir Gott für unsere Errettung und für Seine Segnungen in unserem Leben.
- Bekennen wir Gott unsere Sünden.
- Bitten wir Gott um das Kommen Seines Reiches.
- Bitten wir Gott um die Versorgung mit allem, was wir brauchen, um Seinen Schutz sowie um Seine Führung.
- Bitten wir auch für andere Menschen und ihre Bedürfnisse.

Die Bibellese: Für die tägliche Bibellese empfiehlt sich folgende Vorgehensweise:

- Ein kurzes Gebet vor dem Lesen, z.B. „Lieber Vater im Himmel, bitte sprich jetzt durch Dein Wort zu mir und schenke mir Verständnis durch Deinen Heiligen Geist."
- Den Textabschnitt aufmerksam lesen (am besten zwei- bis dreimal). Ich empfehle für die tägliche Bibellese die abschnittsweise Lektüre ganzer Bibelbücher, beginnend bei Kapitel 1, Vers 1. Tag für Tag wird ein Abschnitt gelesen, bis das Buch zu Ende ist. Danach wird mit einem neuen Buch - wieder am Anfang! - begonnen. Neueinsteigern empfehle ich, zuerst das Lukas-Evangelium und anschließend die Apostelgeschichte zu lesen.
- Über die Bedeutung des Gelesenen nachdenken: Was will Gott mich durch diesen Abschnitt lehren?
    - Was sagt der Text inhaltlich aus? Was geschieht in der Erzählung? Was sagen/tun die erwähnten Personen?
    - Was bedeutet das Gelesene?
    - Worauf macht mich der Text aufmerksam? Was soll ich lernen?
    - Was soll ich tun? Was soll ich zukünftig lassen?
    - Wo muss ich Gott (und ggf. andere) um Vergebung bitten?
    - Wofür darf ich danken?
- Die Zeit der Bibellese mit einem Gebet beenden. Z.B.: „Lieber Vater im Himmel, danke, dass Du durch Dein Wort zu mir gesprochen hast. Bitte hilf mir, was ich heute von Dir gelernt habe auch anzuwenden. Hilf mir, alles, was ich sage, denke und tue, Deinem Willen unterzuordnen, damit es Dir

gefällt und Dich ehrt."

Selbstverständlich beschränkt sich die Pflege unserer Beziehung zu Gott nicht auf eine tägliche „Stille Zeit". Gott ist immer und den ganzen Tag gegenwärtig und als Seine Kinder haben wir das Privileg, dass wir jederzeit zu Ihm kommen dürfen, ohne erst eine Audienz beantragen zu müssen! In 1.Thessalonicher 5,17 heißt es: *„Betet unablässig!"*

Zum Nachdenken:
- Was tun Sie, um Ihre Beziehung zu Gott zu pflegen?
- Halten Sie eine tägliche „Stille Zeit"? Welche Erfahrungen haben Sie dabei gemacht? Auf welche Weise hat Sie Ihnen dabei geholfen, im Glauben und in Ihrer Beziehung zu Gott zu wachsen?
- In welcher Weise helfen Ihnen die Veranstaltungen Ihrer Gemeinde (Gottesdienste, Bibelstunden, Hauskreise, Gebetskreise etc.) Ihre Beziehung zu Gott zu pflegen?

3. Ein angemessenes Verhältnis zur geistlichen Welt

Nachdem wir uns im vorigen Kapitel mit unserer Beziehung zu Gott beschäftigt haben, soll es nun um unser Verhältnis zur geistlichen Welt gehen. Dabei geht es um folgende Fragen:

- Jetzt, wo ich Jesus Christus als Retter und Herrn kennengelernt habe, wie verändert sich meine Beziehung zur geistlichen Welt?
- Wie soll ich mit der Realität einer geistlichen Welt umgehen?

Für Menschen, die von einer naturalistisch-materialistischen Weltanschauung geprägt wurden, gehört die Realität einer geistlichen Welt in das „Reich der Fabeln und Märchen"; für sie gibt es nur Materie und sonst nichts, weder Gott, noch Engel noch Dämonen. Wenn jemand mit so einem Hintergrund zum Glauben kommt, dann ist es manchmal ein richtiges Aha-Erlebnis, wenn er/sie entdeckt, dass die Existenz einer geistlichen Welt eine Realität ist. Das Ganze kann mitunter auch in Furcht umschlagen, wenn man merkt, dass auch der Widersacher, Satan, eine Realität ist, und man geistliche Angriffe selbst erlebt.

In den traditionellen Stammeskulturen der Ethnien, die ein animistisches Weltbild haben, spielt die geistliche Welt eine wichtige Rolle. In jeder Kultur, die ihrer traditionellen Weltanschauung anhängt, kennt man eine bestimmte Anzahl von Göttern sowie von bösartigen und gutartigen Geistwesen. Normalerweise herrscht große Angst vor bösen Geistern und dem Schaden, den sie anrichten können. Daher wird der Kontakt mit ihnen vermieden und es werden bestimmte Vorkehrungen getroffen, um sich vor ihnen zu schützen. Was die Götter und gutartigen Geistwesen betrifft, so gibt es auch einen gewissen Respekt und eine gewisse Furcht vor ihnen. Manchmal wird jedoch der Kontakt zu ihnen gesucht - entweder direkt durch die Durchführung bestimmter Rituale oder indirekt durch einen Schamanen -, um ihre Gunst und Hilfe in bestimmten Lebenslagen zu erhalten.

Die Bibel bestätigt ebenfalls die Existenz einer geistlichen Welt. Allerdings gibt es sehr große Unterschiede zum animistischen

Weltbild ethnischer Gruppen, die wir kennen und berücksichtigen müssen. Das gilt auch für uns im „aufgeklärten Deutschland", wo zwar viele noch stark von einem naturalistisch-materialistischen Weltbild geprägt sind, aber auch esoterisches Gedankengut - mit vielen animistischen Einflüssen - inzwischen weit verbreitet ist.

Gott ist der Schöpfer von *allem*, was existiert, der materiellen und der geistlichen Welt. Das Erste, was Gott erschuf, war die geistliche Welt, genauer gesagt, die Engel. Das bedeutet, dass auch die Engel *Geschöpfe* - und keine Götter - sind. Engel sind sehr mächtig, aber sie sind Gott nicht gleich; sie haben weder dieselbe Macht noch dieselbe Weisheit wie Gott. Eine Aufgabe der Engel ist es, ihren Schöpfer zu loben und zu verherrlichen (Ps 148,2). Außerdem führen sie Gottes Anweisungen und Befehle gehorsam aus, sei es als Botschafter (vgl. Dan 8,15-17; Lk 1,26ff; Apg 27,23f), sei es indem sie Gottes Gericht ausüben (vgl. 1.Mo 19,13; 2.Sam 24,16-17; Ps 78,49, Apg 12,21-23) oder sei es, indem sie Gottes Volk beschützen (vgl. Ps 34,8; 91,11-12; Apg 5,19-20).

Die Bibel spricht auch von bösen Geistern, insbesondere von Satan (dem Teufel) und den Dämonen. Allerdings hält sich die Bibel im Bezug auf die Herkunft des Teufels und der bösen Geister sehr bedeckt. Das ist verständlich, denn der Zweck der Bibel ist es, Gott zu verherrlichen und unseren Blick auf Ihn zu richten. Trotzdem enthält die Bibel in paar Abschnitte, die uns helfen das, was in der geistlichen Welt geschehen ist, zu verstehen. Zu irgendeinem Zeitpunkt - die Ausleger spekulieren darüber, wann das gewesen sein könnte - lehnte sich einer der weisesten und schönsten Engel, ein sogenannter „Cherub" (vgl. Hes 28,11-19), gegen Gott auf; er war stolz geworden (Hes 28,17) und wollte Gottes Platz einnehmen (vgl. Jes 14,12-14). Der Name dieses Engels war „Luzifer" („Glanzstern", „Morgenstern"); doch seit seinem Fall nennt ihn die Bibel „Satan" („Widersacher", „Feind", vgl. Hiob 1,6ff; Sach 3,1f; Offb. 12,9) und „Teufel" („Verleumder", „Entzweier"). Ein Drittel der Engel folgte Luzifer (Satan) in seiner Rebellion gegen Gott (Offb 12,4). Das bedeutet, die bösen Geister sind gefallene Engel. Genauso, wie der Mensch, wurden auch sie ursprünglich gut geschaffen und haben sich dann später gegen ihren Schöpfer aufgelehnt.

Die Bibel bezeichnet diese gefallenen Engel als „Dämonen" oder „unreine Geister"; Satan ist ihr oberster Anführer (vgl. Mt 12,24). Durch ihre Auflehnung haben sich Satan und seine Dämonen nicht nur Gott widersetzt, sie versuchen, insbesondere Einfluss auf Menschen auszuüben und sie zur Sünde zu verführen. Doch genauso, wie für den Menschen, wird auch für die gefallenen Engel die Stunde des Gerichts kommen und sie werden ins „ewige Feuer" geworfen werden (Mt 25,41; Offb 19,20; 20,10; 21,8).

Die Bibel macht deutlich, dass es nur einen einzigen Gott gibt, den Gott der Bibel, den Schöpfer von Himmel und Erde; ER ist der Einzige, es gibt keinen anderen (5.Mo 6,4; 32,39; 2.Sam 7,22; Jes 44,6.8; 45,5.14.18.21; 46,9). Die Bibel erwähnt auch viele „Götter" wenn sie vom Götzendienst der heidnischen Völker sowie des Volkes Israel spricht. Doch gleichzeitig verneint sie die reale Existenz dieser „Götter" und macht deutlich, dass es sich bei ihnen in Wahrheit um böse Geister handelt, die sich anbeten lassen, als ob sie Götter wären (1.Kor 10,19-20). Das ist nicht verwunderlich, denn Luzifer wollte sich dem Allerhöchsten gleich machen (Jes 14,14), er wollte Gottes Platz - auch im Herzen des Menschen - einnehmen und wie Gott angebetet werden. Daher ist es auch nicht überraschend, dass auch die anderen gefallenen Engel dem Beispiel Satans folgen und Menschen mit Aberglauben und falschen Religionen betrügen, um sich auf diese Weise als vermeintliche „Götter" anbeten zu lassen.

Angesichts dieser grundlegenden biblischen Lehre über die geistliche Welt stellt sich folgende Frage: Welches ist die korrekte Beziehung eines Nachfolgers Jesu zur geistlichen Welt? Nachfolgend werden wir verschiedene Aspekte dieser Frage betrachten.

📖 Bitte lesen Sie 2.Mose 20,1-6.
- Was lehren uns die ersten beiden Gebote über unsere Beziehung zur geistlichen Welt?
- An wen sollen wir uns wenden?
- Wen sollen wir anbeten?
- An wen dürfen wir uns nicht wenden, sei es zur Anbetung oder sei es zum um Hilfe bitten?

Das erste Gebot (*„Du sollst keine anderen Götter haben neben mir."*) macht deutlich, dass es nur einen einzigen wahren Gott gibt und dass die Götter der heidnischen Völker falsche Götter sind. Das Gebot weist uns gleichzeitig darauf hin, dass wir keine anderen Götter brauchen, denn Gott ist unser Versorger, Erhalter, Retter, Helfer etc.; ER ist alles, wonach sich unsere Seele sehnt. Das heißt, wir sollen anderen vermeintlichen Göttern oder Geistwesen weder Opfergaben darbringen, noch sie um Hilfe bitten. Vielmehr soll Gott den ersten Platz in unserem Leben und Herzen einnehmen. Wir sollen niemanden außer Gott anbeten und fürchten. Dazu gehört, dass wir Gott lieben, Ihm gegenüber Ehrfurcht haben und in all unseren Bedürfnissen auf Ihn vertrauen sollen.

Das zweite Gebot (*„Du sollst dir kein Götterbild machen, auch keinerlei Abbild dessen, was oben im Himmel oder was unten auf der Erde oder was im Wasser unter der Erde ist. Du sollst dich vor ihnen nicht niederwerfen und ihnen nicht dienen."*) warnt uns vor dem Götzendienst, insbesondere vor der Herstellung und Anbetung von Götzenbildern bzw. Götterstatuen. Gott ist der Schöpfer von Himmel und Erde; doch leider beten viele Menschen nicht den Schöpfer, sondern die Schöpfung (Sonne, Mond, Sterne, Berge) und Geschöpfe (Engel, Geister, Menschen, Tiere) an, als ob diese Götter wären (vgl. Röm 1,18-23). Oft werden in diesem Zusammenhang auch Bilder oder Figuren (kleinere und größere Statuen) dieser Götzen zum Zweck der Anbetung hergestellt. Doch das zweite Gebot verbietet jegliche Art des Götzendienstes; gleichzeitig erklärt Gott, warum: *„Denn ich, der HERR, dein Gott, bin ein eifersüchtiger Gott, der die Schuld der Väter heimsucht an den Kindern bis in das dritte und vierte Glied derer, die mich hassen."* (2.Mo 20,5) Wer den wahren Gott erkannt hat und weiterhin Götzen anbetet, drückt damit aus, dass er Gott hasst, anstatt Ihn zu lieben!

Es gibt noch eine weitere Art von - eher verdecktem - Götzendienst, bei dem keine Bilder oder Figuren verwendet werden, um andere Götter anzubeten. Diese Art von Götzendienst kommt in den vielfältigen Formen des Aberglaubens, der weltweit praktiziert wird, zum Ausdruck. Abergläubische Praktiken sind eine Form von Götzendienst, denn sie erfüllen dieselben Funktionen, wie die kanaanäischen, ägyptischen, babylonischen - und weiterer - Götter. Die Menschen in diesen Völkern beteten diese Götter an, weil sie hofften, dass diese ihnen bei der Bewältigung verschiedener Herausforderungen des Lebens helfen würden. Sie beteten diese Götter an, weil sie hofften, dass

- die Pflanzen auf dem Acker besser wachsen würden und sie eine bessere Ernte erzielen würden.
- ihr Vieh sich besser vermehren würde.
- sie Glück in der Liebe hätten und sie Kinder bekommen würden.
- sie ihre Feinde im Krieg besiegen würden.
- sie vor Krankheiten oder Unfällen bewahrt würden.
- sie wirtschaftlichen Segen empfangen würden.

Viele Formen des Aberglaubens werden ebenfalls zur Erreichung eines oder mehrerer dieser Ziele praktiziert. Gleichzeitig hängen die abergläubischen Vorstellungen und Praktiken mit Magie, Zauberei und der Furcht vor bösartigen Geistwesen zusammen. Wer solche Dinge praktiziert, bringt damit zum Ausdruck, dass er dem lebendigen und wahren Gott nicht vertraut, sondern anderen geistlichen Mächten. Wir müssen sehr ernst nehmen, dass die Bibel uns sehr deutlich vor allen Arten von Götzendienst und Aberglauben warnt (vgl. 3.Mo 19,4.26.28.31; 5.Mo 18,10; Offb 21,8).

📖 Bitte lesen Sie Hebräer 1,14 und Psalm 91,11.
- Was lehren diese Verse über die Aufgabe von Engeln?
- Wer sendet die Engel?

In der Bibel wird immer wieder berichtet, wie Gott seine Engel aussandte, um den Gläubigen zu helfen und/oder sie zu beschützen (vgl. 2.Kön 6,15-17; Ps 34,8; Dan 3,28; 6,23; Apg 5,19; 12,7ff). Allerdings ist es immer Gott, der einen Engel sendet. Niemals ist es der Gläubige, der von sich aus den Kontakt mit einem Engel sucht und/oder einen Engel um Hilfe bittet! Der Gläubige soll sich nicht an Engel, sondern an den lebendigen Gott wenden und Ihn um Hilfe bitten!

📖 Bitte lesen Sie 2.Korinther 11,14.
- Was tut Satan?
- Was bedeutet es, dass Satan sich als „Engel des Lichts" verkleidet?
- Wenn Satan dazu in der Lage ist, sind es dann auch die anderen gefallenen Engel?

Erinnern wir uns daran, dass Satan und die Dämonen gefallene Engel sind! Deswegen haben sie die Fähigkeit, sich zu verstellen und die Menschen glauben zu lassen, sie wären „Engel des Lichts", d.h., sie wären gute, nicht gefallene Engel, die Gott dienen. Doch in Wirklichkeit sind sie Engel der Finsternis. In 2.Korinther 11,14 lehrt Paulus uns etwas sehr Wichtiges, das uns auch bei der Bewertung sogenannter „gutartiger Geistwesen" in traditionellen animistischen Weltbildern hilft: Die Geistwesen, die im Animismus gewöhnlich als „gutartig" angesehen werden, sind *nicht* mit den Engeln Gottes in der Bibel (nicht gefallene Engel) identisch! Insbesondere im Fall derjenigen Geistwesen, die sich von Menschen (u.a. Schamanen) mithilfe von Ritualen und Gebeten rufen lassen, um „Gutes zu tun" oder zu „helfen", handelt es sich *nicht* um gute Engel Gottes. Denn echte Engel Gottes stehen unter Gottes Befehl, sie antworten nicht auf die Anrufe und Bitten von Menschen, die den Kontakt mit ihnen suchen. Doch gefallene Engel antworten sehr wohl darauf; sie lassen sich rufen, um ihre „Dienste" anzubieten und den Aberglauben der Leute zu bestätigen. Sie betrügen die Menschen, indem sie diese glauben lassen, sie wären „gute Geister", obwohl sie in Realität Dämonen sind.

📖 Bitte lesen Sie Offenbarung 19,10 und 22,8-9.
- Wie reagiert ein echter, nicht gefallener Engel, wenn ein Mensch ihn anbeten möchte?
- Wie wird dagegen ein gefallener Engel (auch wenn er sich als „Engel des Lichts" ausgibt) reagieren?

Bevor wir mit dem Studium fortfahren, möchten wir kurz das, was wir über das angemessene Verhältnis eines Gläubigen zu Gottes Engeln gelernt haben, zusammenfassen:

- Wir dürfen weder den Kontakt zu Engeln suchen, noch sie um Hilfe anrufen. Wir sollen einzig und allein zu Gott beten und Ihn um Hilfe bitten. Gott alleine entscheidet, ob Er uns zur Hilfe einen Seiner Engel sendet und ob Er diesem Engel die Erlaubnis gibt, sich uns sichtbar als Engel zu zeigen (vgl. Hebr 13,2). Mir ist dieser Punkt sehr wichtig und ich betone ihn deshalb so sehr, weil es inzwischen eine Fülle von Literatur gibt, die dazu anregt und auffordert den Kontakt zu Engeln („seinem Engel", „seinem Schutzengel") zu suchen. Auch wenn diese Lehren in einem „christlichen Gewand" präsentiert werden, sie sind weder biblisch noch christlich, sondern gefährlich! In Kolosser 2,8.16-23 nennt Paulus verschiedene Merkmale einer Irrlehre, die in die Gemeinde in Kolossä eingedrungen war; eine der damit verbundenen Praktiken war die „Anbetung[4] der Engel" (Kol 2,18). Paulus spricht im Zusammenhang mit diesen Irrlehren von einem „eigenwilligen Gottesdienst" (Kol 2,23) und von eigenwilligem Handeln (Kol 2,18); d.h., religiösen Handlungen, die nicht Gottes Willen entsprechen.
- Wir dürfen Engel nicht anbeten; wir sollen einzig und alleine Gott anbeten (vgl. 2.Mo 20,3ff; Offb 19,10; 22,9).
- Für den Fall, dass uns ein Engel erscheinen sollte (was zwar theoretisch möglich, aber in der Praxis eher die Ausnahme[5] ist), müssen wir auch damit rechnen, dass es sich um einen gefallenen Engel handeln könnte, der sich als „Engel des Lichts" verkleidet hat (vgl. 2.Kor 11,14). Wenn dieser Engel etwas sagt, tut oder von uns fordert, das Gottes Wort widerspricht, dann ist er sicher kein „Engel des Lichts", sondern ein Betrüger.

---

[4] Der hier verwendete griechische Begriff, der je nach Übersetzung mit „Anbetung" (Elb) oder „Verehrung" (Lut) wiedergegeben wird, hat eine große Bandbreite an Bedeutungen und kann auch mit „Beschwörung" oder „Anrufung" übersetzt werden. Es gibt unter den Auslegern unterschiedliche Meinungen darüber, inwieweit in Kolossä wirklich Engel angebetet und verehrt wurden oder ob sie im Rahmen von magischen Praktiken um Hilfe angerufen wurden.

[5] Auch in der Bibel war das Erscheinen von Engeln nicht der Normalfall, sondern eher die Ausnahme. In der Regel erschienen sie von Gott gesandt in entscheidenden Momenten für den weiteren Verlauf der Heilsgeschichte.

📖 Bitte lesen Sie Kolosser 1,13-20.
- Was tat Gott für den Gläubigen?
- Was lehrt uns dieser Abschnitt über das Wesen und die Macht des Herrn Jesus Christus?
- Wenn Gott dies für uns getan hat und wenn Jesus Herr über alles ist, welchen Grund gibt es dann noch für den Gläubigen, böse Geister zu fürchten?

📖 Bitte lesen Sie Epheser 6,10-20.[6]
- Welcher Realität müssen wir als Gläubige begegnen?
- Wo sollen wir Stärkung für den geistlichen Kampf suchen?
- Was sollen wir tun, damit wir im geistlichen Kampf widerstehen und bestehen können?
- Was repräsentieren die verschiedenen Gegenstände der geistlichen Waffenrüstung? Welche konkrete Bedeutung haben sie?

📖 Bitte lesen Sie Epheser 4,26-27; 1.Petrus 5,8-9 und Jakobus 4,7-9.
- Was sollen wir tun?
- Warum ist die Art, wie wir uns Verhalten so wichtig?
- Was geschieht, wenn wir Gottes Wort nicht gehorchen?

Zusammenfassend können wir sagen, dass eine beständige Feindschaft zwischen den Nachfolgern Jesu und den gefallenen Engeln besteht. Wir stehen in einem geistlichen Kampf und müssen wachsam gegenüber den Angriffen des Widersachers sein. Allerdings brauchen wir keine Angst zu haben, denn Gott hat uns von der Macht der Finsternis befreit. Unser Herr Jesus Christus ist höher und mächtiger als alle Geistwesen (Mächte und Gewalten in der Himmelswelt) - und er wohnt in uns durch seinen Heiligen Geist! Außerdem hat Gott eine geistliche Waffenrüstung für uns bereitgestellt, die wir anlegen und gebrauchen sollen, um den bösen Mächten zu widerstehen und im geistlichen Kampf bestehen zu können. Dies beinhaltet, dass wir auf unser Verhalten (Lebensweise) achten und Gottes Wort gehorchen sollen. Wenn wir Sünde in unserem Leben tolerieren

---

[6] Für ein intensiveres Studium dieses Abschnitts empfehle ich Ihnen die Lektüre von Kapitel 12 meines Buches „Jüngerschaft mit dem Epheser-Brief.

und uns weigern, diese zu bekennen, anstatt zu Gott umzukehren, werden wir angreifbar, verletzbar und verführbar. Aber wenn wir in der rechten Beziehung mit dem Herrn Jesus leben und ihm gehorchen, dann gibt es keinen Grund, böse Mächte zu fürchten. Außerdem dürfen wir keine abergläubischen Praktiken anwenden, um uns vor bösen Mächten zu schützen, wie z.B. Tabus, Rituale oder den Gebrauch von Amuletten, Talismanen und anderen Gegenständen. Es genügt, auf den Herrn Jesus Christus zu vertrauen!

„Ich liebe dich, HERR, meine Stärke! Der HERR ist mein Fels und meine Burg und mein Retter; mein Gott, mein Schutz, zu ihm werde ich Zuflucht nehmen, mein Schild und das Horn meines Heils, meine hohe Festung. Ich werde den HERRN anrufen, der zu loben ist, und ich werde gerettet werden von meinen Feinden." (Psalm 18,2-4)

Zum Nachdenken:
- Habe ich beim Lesen dieses Kapitels etwas Neues gelernt? Was?
- Hat Gott durch Sein Wort (die Bibelstellen in diesem Kapitel) zu mir gesprochen? Was?

4. Die Beziehung zu mir selbst

Im vorhergehenden Kapitel ging es um das angemessene Verhältnis zur geistlichen Welt; das war zugegebenermaßen kein leichtes Thema. In diesem Kapitel soll es nun um die Beziehung zu uns selbst gehen; auch das ist für die meisten von uns kein leichter Stoff. Die grundsätzlichen Fragen, die sich uns stellen, sind:

- Jetzt, wo ich Jesus Christus als Retter und Herrn kennengelernt habe, wie verändert sich meine Beziehung zu mir selbst?
- Wie soll ich mit mir selbst umgehen?

Als wir uns in Kapitel 1 mit dem Sündenfall beschäftigten, sahen wir, dass dieser vielfältige Konsequenzen hatte. Unter anderem hatte er Auswirkungen auf die Beziehung, die der einzelne Mensch zu sich selbst und zu seinem eigenen Körper hat. Wir wollen nun über folgende Aspekte nachdenken, die mit unserer Beziehung zu uns selbst zu tun haben:

- Selbstwertgefühl und Würde
- Demut
- Die Beziehung zu unserem Körper

Selbstwertgefühl und Würde

Viele Menschen haben ein geringes Selbstwertgefühl; es fällt ihnen schwer, sich selbst anzunehmen und wertzuschätzen. Das eigene Selbstwertgefühl wird stark davon beeinflusst, wie man über sich selbst denkt und welchen Wert man sich selbst beimisst. Wer ein geringes Selbstwertgefühl hat, misst sich selbst gewöhnlich einen geringen Wert bei. Es gibt aber auch Menschen mit einem übersteigerten Selbstwertgefühl, die sich selbst für die schönsten, besten und wertvollsten der Welt halten. Sie sind in sich selbst verliebt und sehr stolz auf sich selbst. In beiden Fällen, dem eines geringen Selbstwertgefühls und dem eines übersteigerten Selbstwertgefühls, fehlt eine gesunde Balance und Perspektive.

Zum Nachdenken:
- Kennen Sie Menschen mit einem geringen Selbstwertgefühl? Wie kommt dies zum Ausdruck?
- Kennen Sie Menschen mit einem übersteigerten Selbstwertgefühl? Wie äußert sich das?
- Wie schätzen Sie Ihr eigenes Selbstwertgefühl ein?

Wie bereits erwähnt, hängt das eigene Selbstwertgefühl stark davon ab, wie man über sich selbst denkt und welchen Wert man sich selbst beimisst. Das führt uns zu folgenden Fragen:
- Worauf gründet sich der Wert eines Menschen?
- Wovon hängt der Wert ab, den ich habe oder den ich zu haben meine?

Wie würden Sie diese Fragen beantworten?

Die Vorstellungen von Wert und Würde eines Menschen hängen stark von der jeweiligen Weltanschauung und Denkweise desjenigen ab, der die Bewertung vornimmt. Wenn wir einen Blick in die Welt werfen, dann entdecken wir, dass es ganz unterschiedliche Vorstellungen davon gibt oder im Laufe der Geschichte gab. Manche meinen, der Wert eines Menschen würde
- von seiner Rasse oder Hautfarbe abhängen.
- von seinem IQ und/oder seinen Studienabschlüssen und Titeln abhängen.
- von seinem Geschlecht abhängen.
- von seiner sozialen Stellung in der Gesellschaft (Klasse, Kaste, etc.) abhängen.
- von seinem Vermögen abhängen.
- von seinen Erfolgen (z.B. Beruf, Geschäft, Sport, etc.) abhängen.
- von seiner Abstammung und Familienzugehörigkeit (u.a. Adel) abhängen.

Jede dieser Vorstellungen impliziert, dass einige sich anderen gegenüber wertvoller und überlegener fühlen (z.B. jemand mit viel Geld oder Erfolg), und dass einige sich anderen gegenüber als minderwertig und unterlegen fühlen (z.B. jemand, der keinen guten Schulabschluss hat). Doch im Licht von Gottes Wort müssen wir uns fragen, ob diese Vorstellungen richtig sind. Entsprechen sie der Wahrheit? Ist jemand mit weißer Hautfarbe wirklich mehr wert, als jemand mit dunkler Hautfarbe? Oder ist jemand, der einen Lehrstuhl als Professor hat wirklich mehr wert, als ein Handwerker? Offensichtlich nicht! Doch wie oft verhalten wir uns so, als ob diese und die anderen oben genannten Vorstellungen wahr wären? Denn häufig bewerten wir den Wert eines anderen Menschen anhand solcher Kriterien. Dazu kommt, dass wir oft auch unseren eigenen Wert anhand solcher Kriterien bestimmen und unser Selbstwertgefühl und unsere Identität davon abhängig machen. Diese Art der Bewertung und des Denkens kann zweierlei Auswirkungen haben:

1) Es kann sein, dass ich mich anderen gegenüber als „höherwertiger" betrachte und ich höher von mir denke, als es mir zusteht (vgl. Röm 12,3). Auf diese Weise falle ich in die Sünde des Stolzes.

2) Es kann sein, dass ich mich anderen gegenüber als „minderwertiger" betrachte und ein sehr geringes Selbstwertgefühl habe. Manchmal werden diese Minderwertigkeitsgefühle von Neid begleitet. Man beneidet andere und begehrt zu haben, was andere haben (vgl. 2.Mo 20,17) und zu sein wie andere sind, die man als höherwertiger einstuft, um sich selbst nicht mehr minderwertig zu fühlen. Manche versuchen auch dieses Gefühl der Minderwertigkeit (meist unbewusst) zu kompensieren, indem sie andere schlecht machen und über sie herziehen. Auf diese Weise streben sie nach einer „Ersatzbefriedigung", die persönliche Gefühle der Minderwertigkeit ausgleichen soll.

Vielleicht merken Sie, wie wichtig es ist, dass wir unsere Art und Weise zu denken und zu Bewertungen zu kommen, überdenken und verändern müssen? Die Frage ist: Was bestimmt meinen Wert als Mensch? Habe ich überhaupt einen Wert? – Die Bibel beantwortet diese Fragen. Zum einen müssen wir uns daran erinnern, dass der Mensch in Sünde gefallen ist. Der Mensch ist ein Rebell und verdient Gottes Strafe, weil nichts Gutes in ihm ist (vgl. 1.Mo 6,5; Röm 3,10-12; 7,18). Das ist zunächst einmal eine harte Aussage und Diagnose, die wir nicht gerne hören, weil wir vom Humanismus beeinflusst sind, der behauptet, der Mensch habe doch einen „guten Kern". Doch die biblische Diagnose ist da ziemlich schonungslos, der Mensch ist ein gefallenes Geschöpf, ein Sünder. Von dieser Warte aus gesehen, scheint die Sünde den Wert des Menschen ziemlich zu beeinträchtigen, oder? Dazu kommt, dass Gott den Menschen im Prinzip nicht benötigt. Auch dieser Gedanke ist für viele zunächst ein Schock, denn sie haben ein menschenzentriertes Weltbild und denken, Gott habe den Menschen geschaffen, weil Er ihn brauchen würde (zumindest ein bisschen, um Anerkennung und Anbetung zu empfangen). Doch Gott ist autoexistent, Gott ist der Lebensspender. Er hat Leben aus sich selbst heraus. Er ist der ewige dreieinige Gott, der schon immer vollkommene Gemeinschaft innerhalb der Trinität gepflegt hat; Er war nie und ist nie einsam ohne uns Menschen. Doch ich möchte uns mit diesen Wahrheiten nicht mehr als nötig frustrieren. Denn es gibt da auch eine andere Seite, die genauso wahr ist. Die Bibel sagt klar und deutlich, dass Gott uns liebt (Joh 3,16) und dass Er diese Liebe zu uns durch Jesu Tod bewiesen hat (Röm 5,8). Gott liebt uns, obwohl wir Sünder sind (und obwohl Er uns nicht benötigt). Gott schenkt mir als Mensch Wert und Würde. Doch worauf gründen sich dieser Wert und diese Würde? Nach meinem Verständnis gründen sie auf zwei Fakten:

1) Auf der Tatsache, dass Gott mich als Mensch nach Seinem Bilde geschaffen hat (vgl. 1.Mo 1,27; Mt 12,12). So nebenbei bemerkt: Eine Evolutionstheorie, die den Menschen als ein Produkt des Zufalls betrachtet, ist nicht wirklich geeignet, die Würde des Menschen sinnvoll zu begründen.

2) Auf der Tatsache, dass Gott mich so sehr geliebt hat, dass Er Seinen einzigen Sohn für mich hingegeben hat (vgl. Joh 3,16; 15,13; Röm 5,8). Anmerkung: Manche Theologen weisen darauf hin, dass der Wert des Opfers Jesu nichts mit dem Wert zu tun hat, den Gott uns beimisst, sondern dass daran vor allem deutlich wird, wie groß unsere Sünde ist, die solch ein Opfer zur Vergebung unserer Sünden notwendig gemacht hat. Vom juristischen Standpunkt aus betrachtet

haben sie sicher Recht damit. Doch die Bibel betont auch die Größe der Liebe Gottes, die Ihn zu diesem wertvollen Opfer bewogen hat. Von der Beziehungsebene aus betrachtet bedeutet dies aber meines Erachtens, dass Gott uns gegenüber durch das Opfer Jesu *auch* eine große Wertschätzung zum Ausdruck gebracht hat. Ja, wir haben allen Grund, uns von Gott wertgeschätzt zu fühlen!

Als Gläubige sollen wir nicht der Denk- und Lebensweise dieser Welt und ihres Zeitgeistes folgen, sondern unser Denken erneuern (Röm 12,2). Dazu gehört, meine Identität auf Gott und Sein Wort zu gründen, damit mein Selbstwertgefühl nicht länger von falschen Vorstellungen abhängig ist. Es geht dabei um einen Veränderungsprozess, der verschiedene Aspekte beinhalten kann:

- Die Versöhnung mit meiner persönlichen Lebensgeschichte.[7] Möglicherweise gibt es da seelische Wunden, weil andere mich verletzt und mir das Gefühl gegeben haben, ich wäre minderwertig. Damit diese seelischen Wunden heilen können, ist es notwendig, denen zu vergeben, die mich verletzt haben.
- Anzuerkennen, dass ich Wert und Würde habe, weil ich nach dem Bilde Gottes geschaffen wurde und weil Jesus für mich gestorben ist.
- Falsche Vorstellungen abzulegen sowie anzuerkennen und mir immer wieder bewusst zu machen, dass mein Wert nicht von meiner Rasse, Hautfarbe, meinem Schulabschluss, Geschlecht, Aussehen, Vermögen oder Sonstigem abhängt.

---

[7] Jeder Mensch hat seine eigene Lebensgeschichte. Zu dieser Geschichte gehören fröhliche und traurige Momente, gute und schlechte Erfahrungen. Normalerweise bereiten uns die guten und freudigen Erfahrungen keine Probleme, aber die traurigen und schlechten. Manchmal sind unsere Erinnerungen dermaßen negativ, schmerzhaft und/oder beschämend, dass wir sie am Liebsten auslöschen und vergessen würden. Und trotzdem ist unsere persönliche Geschichte ein Teil unseres Lebens, auch das Traurige und das Schlechte. Wenn wir mit unserer Vergangenheit keinen Frieden schließen und sie nicht als Teil unseres Lebens anerkennen, werden wir sie nicht bewältigen können. Das hemmt auch die Entwicklung unserer Persönlichkeit, denn die Vergangenheit hält uns gefangen, wie mit Ketten gebunden. Daher ist es so wichtig, sich mit der eigenen Lebensgeschichte zu versöhnen und Frieden zu schließen.

Wir möchten nun ein paar Bibelstellen dazu lesen und darüber nachdenken.

📖 Bitte lesen Sie Matthäus 6,12-15.
- Gibt es Menschen in Ihrem Leben, die Sie glauben und fühlen ließen, sie wären minderwertig?
- In welchem Maß wurde Ihr Selbstwertgefühl vom Handeln dieser Personen und ihrer Worte geprägt?
- Haben Sie diesen Personen bereits vergeben?
- Haben Sie Gott bereits darum gebeten, dass Er die seelischen Wunden, die Ihnen von diesen Personen zugefügt wurden, heilen möge?

📖 Bitte lesen Sie 1.Mose 1,27 und Galater 3,28.
- Was bedeutet es für Sie persönlich, dass Sie nach dem Bilde Gottes geschaffen wurden?
- Glauben und erkennen Sie an, dass *jeder* Mensch Wert und Würde hat, weil er nach dem Bilde Gottes geschaffen wurde? Gilt dies auch für Sie selbst? Gilt dies auch für Ihre Feinde?
- Hat das Geschlecht irgendeinen Einfluss auf Wert und Würde - sei es als Mensch an sich, sei es als Christ?
- Haben Sie sich selbst und ihre sexuelle Identität, so, wie Sie von Gott erschaffen wurden, angenommen?

📖 Bitte lesen Sie Psalm 139,13-16.
- Was hat Gott getan?
- Loben Sie Gott für sein wunderbares Werk?

📖 Bitte lesen Sie Johannes 3,16; 15,13 und Römer 5,8.
- Was bedeutet es für Sie persönlich, dass Gott Sie so sehr geliebt hat, dass Er Seinen einzigen Sohn für Sie hingegeben hat?
- Empfinden Sie Wertschätzung und Liebe, weil Jesus für Sie starb?
- Empfinden Sie manchmal Hass gegen sich selbst? Falls ja, wie kommt das in Ihrem Reden und/oder Handeln zum Ausdruck? Ist dieser Hass angesichts Jesu Liebe und angesichts seines Opfertodes zur Vergebung aller Ihrer

Sünden gerechtfertigt?

📖 Bitte lesen Sie 1.Korinther 15,9-10 und 1.Timotheus 1,12-17.
- Was zeigen uns diese Verse über das Selbstwertgefühl des Apostels Paulus?
- In welcher Weise erkennt Paulus seine Vergangenheit an? Was hat sich verändert?
- Wie war es möglich geworden, dass Paulus sich mit seiner Vergangenheit versöhnt hat?
- Wenn Paulus, der früher die Christen verfolgt hat, aufgrund von Gottes Gnade Frieden mit seiner Vergangenheit schließen konnte, ist dies dann auch für andere Gläubige möglich? Was wäre nötig, um sich mit Ihrer Vergangenheit zu versöhnen und sich nicht mehr für die Sünden schämen zu müssen, die Sie begangen haben?

📖 Bitte lesen Sie Kolosser 3,11 und Jakobus 2,1-4.
- Was lehren uns diese Verse über die verschiedenen Vorstellungen, die die Welt verwendet, um den Wert anderer Menschen zu definieren?
- Wurden Sie bereits schon einmal aufgrund solcher weltlichen Vorstellungen diskriminiert? Falls ja, haben Sie diesen Personen vergeben? Haben Sie Gott darum gebeten, ihre seelischen Wunden zu heilen?
- Gebrauchen Sie noch solche weltliche Kriterien, sei es gegenüber anderen Personen, oder sei es sich selbst gegenüber? Was sollten Sie in diesem Fall tun?

Inwiefern helfen Ihnen die Ausführungen in diesem Abschnitt und das Bibelstudium, zu einem angemessenen Selbstwertgefühl zu finden?

Demut
Die allererste Sünde im Universum war Stolz, der zur Selbstüberhebung führte. Luzifer war es nicht genug, ein schirmender Cherub zu sein (Hes 28,12-17), er wollte mehr - sein wie Gott (vgl. Jes 14,12-14): *„Ich will hinauffahren auf Wolkenhöhen, mich gleichmachen dem Höchsten."* (Jes 14,14)

Daher ist es nicht überraschend, wie Satan Eva in Versuchung führte: *„Sondern Gott weiß, dass an dem Tag, da ihr davon esst, eure Augen aufgetan werden und ihr sein werdet wie Gott, erkennend Gutes und Böses."* (1.Mo 3,5)

Der Mensch ist der Sünde und dem Beispiel Luzifers gefolgt, denn seine erste Sünde war ein Akt der Auflehnung gegen Gott, die seine Wurzel in dem Stolz hatte, der von Satan geweckt wurde. Aufgrund dieses geweckten Stolzes überhob sich der Mensch über seinen Schöpfer; er wollte nicht mehr „nur Mensch" sein, sondern mehr als das.

Zum Nachdenken:

- Sind Sie damit zufrieden, dass Sie „nur ein Mensch" sind, der nach dem Bilde Gottes erschaffen wurde?
- Kennen auch Sie die Versuchung, sein zu wollen wie Gott? Zum Beispiel, indem Sie über übernatürliche magische Kräfte verfügen könnten, die Beschränkungen Ihres physischen Körpers überwinden könnten, Sie Zugang zu geheimem (okkultem) Wissen hätten, etc.
- Welcher Zusammenhang besteht zwischen dem Wunsch, zu sein wie Gott und der Zauberei?

„Anmaßung", „Überheblichkeit", „Arroganz", „Vermessenheit" und „Selbstherrlichkeit" sind Synonyme des Begriffs „Stolz". Stolz kann als das Gefühl und die Haltung einer Person beschrieben werden, die ein übersteigertes Selbstwertgefühl hat und die sich selbst anderen gegenüber für überlegen hält und entsprechend handelt. Man könnte auch sagen, dass ein stolzer Mensch nicht erkennen, akzeptieren oder sich damit zufriedengeben will, was er wirklich ist, sondern mehr sein will. Stolz führt zu Selbsterhebung; das heißt, man glaubt, dass man größer (wichtiger, bedeutender, schöner, schlauer etc.) ist, als es der Wirklichkeit entspricht. Man erhebt sich über andere und behandelt andere folglich mit Arroganz und als wären sie minderwertige Menschen. Als wir uns mit dem Selbwertgefühl beschäftigt haben, sahen wir bereits, dass es Menschen mit einem übersteigerten Selbstwertgefühl gibt; dabei handelt es sich um jene stolzen Menschen, die sich anderen überlegen fühlen und höher von sich denken, als es ihnen gebührt (vgl.

Röm 12,3).

Zum Nachdenken:
- Neigen Sie dazu, sich über andere zu überheben?
- Sind sie anderen gegenüber arrogant und geben Sie ihnen das Gefühl, sie wären minderwertig?
- Lassen Sie Stolz in Ihrem Herzen zu, oder tun Sie mit Gottes Hilfe etwas dagegen?

Das Gegenteil von Stolz ist Demut. Ein Mensch mit einer demütigen Haltung erkennt seine eigene Realität an und möchte nicht mehr sein, als er wirklich ist. Er denkt nicht höher von sich selbst, als es ihm gebührt (vgl. Röm 12,3). Außerdem überhebt er sich nicht über andere, noch behandelt er sie mit Arroganz oder als ob sie minderwertig wären.

Beim Thema Demut müssen wir uns bewusst sein, dass wir zwischen einer „echten Demut" und einer „falschen Demut" unterscheiden müssen:
- Die „falsche Demut" ist eine „vorgetäuschte Demut"; das heißt, die Person möchte demütig erscheinen, obwohl sie es in Wirklichkeit nicht ist. „Falsche Demut" ist eine Form von „verkleidetem Stolz" oder „verstecktem Stolz"; die Person, die falsche Demut praktiziert, „ist stolz auf ihre eigene Demut". Eine andere Form der „falschen Demut" ist, dass sich jemand kleiner macht, als er wirklich ist. Dies geschieht, wenn jemand seine Gaben und Talente nicht anerkennt, die er wirklich hat.
- „Echte Demut" erkennt die Realität so an, wie sie ist. Der Mensch mit echter Demut macht sich nicht größer oder kleiner, als er wirklich ist, sondern ist ehrlich in seiner Selbsteinschätzung. Diese Person kennt ihre Grenzen, sie erkennt aber auch ihre Begabungen und Talente an. Sie kann ehrlich sagen: „Ich weiß nicht, wie man dies macht, mir fehlen die entsprechenden Kenntnisse und Fähigkeiten…, aber ich weiß, wie man jenes macht, und ich habe entsprechende Kenntnisse und Fähigkeiten…". Außerdem ist ein Mensch mit echter Demut Gott gegenüber für seine Gaben und Talente dankbar, weil er weiß, dass sie nicht wirklich seine eigenen Verdienste sind, sondern ein

Geschenk Gottes. Ein weiterer Aspekt echter Demut zeigt sich, wenn eine Person mit einer höheren Stellung in der Gesellschaft nicht an ihrem Status festhält, sondern anderen Personen, die gesellschaftlich niedriger gestellt sind, aus reinen Motiven dient (aus Liebe und nicht, um gesehen zu werden oder um Anerkennung zu erhalten).

Es gibt eine gewisse Beziehung zwischen Demut und dem Selbstwertgefühl. Wir sahen bereits, dass Menschen mit einem übersteigerten Selbstwertgefühl nicht demütig, sondern stolz sind. Gleichzeitig müssen wir erkennen, dass ein Mensch mit geringem Selbstwertgefühl nicht unbedingt demütig ist, weil er die positiven Realitäten seines Lebens (seine Würde, seine Gaben und Talente) nicht anerkennt, - zumindest nicht so, wie er es sollte. Der Mensch braucht daher ein angemessenes Selbstwertgefühl. Dieses angemessene Selbstwertgefühl gründet sich auf Gottes Wahrheit (ich bin ein Sünder, aber gleichzeitig habe ich Wert und Würde, weil ich nach dem Bilde Gottes geschaffen wurde und weil Jesus Christus gestorben ist, um mich zu retten). Es erkennt die eigenen Grenzen, aber auch die empfangenen Gaben und Talente ehrlich an. Auf diese Weise kann im Herzen eine Haltung echter Demut entstehen.

Zum Nachdenken:
- Kennen Sie Menschen, die vorgeben demütig zu sein? Wie äußert sich diese falsche Demut? Was empfinden Sie bei der Begegnung mit diesen Personen?
- Kennen Sie Menschen, die ihre Gaben und Talente nicht anerkennen und sich kleiner machen, als sie es in Wirklichkeit sind? Glauben Sie, dass diese Personen ihre Gaben und Talente wirklich nicht kennen? Was könnte der Grund sein, dass sie ihre Gaben und Talente verleugnen oder kleinreden?
- Kennen und erkennen Sie Ihre eigenen Gaben und Talente, aber auch Ihre eigenen Begrenzungen, ehrlich an?
- Sind Sie Gott gegenüber für Ihre Gaben und Talente dankbar? Wie bringen Sie diese Dankbarkeit zum Ausdruck?
- Sind Sie bereit anderen zu dienen - auch Menschen mit einer niedrigeren sozialen Stellung? Wie bewerten Sie Ihre

eigenen Motive beim Dienen?

Wir wollen nun noch über einige Bibelstellen nachdenken, die uns dabei helfen eine biblische Sicht von Demut zu entwickeln.

📖 Bitte lesen Sie Matthäus 11,28-29.
- Welche Aussage macht der Herr Jesus über sich selbst?
- Ist der Herr Jesus stolz, wenn er sagt, dass er „von Herzen demütig" ist? Was lehrt uns seine Aussage über echte Demut?

📖 Bitte lesen Sie Johannes 13,3-17.
- Was lehrt uns Jesu Beispiel über echte Demut?

📖 Bitte lesen Sie 1.Petrus 5,5-7.
- Welche Haltung sollten wir im gegenseitigen Umgang miteinander haben?
- Warum ist Demut so wichtig?
- Auf welche Weise sollen wir uns unter Gottes mächtige Hand demütigen?

📖 Bitte lesen Sie Lukas 18,9-14.
- Was lehrt uns dieses Gleichnis über echte Demut?
- Auf welche Weise illustriert dieses Gleichnis die Aussage in 1.Petrus 5,5?
- Entspricht Ihre eigene Haltung eher der des Zöllners oder der des Pharisäers?

📖 Bitte lesen Sie Sprüche 15,33.
- Welcher Zusammenhang besteht zwischen Gottesfurcht, Weisheit und Demut?
- Auf welche Weise ergänzen sich die Aussagen in Sprüche 15,33 und 1.Petrus 5,6?

📖 Bitte lesen Sie Sprüche 18,12.
- Warum ist der Stolz so gefährlich?
- Auf welche Weise ergänzen sich die Aussagen in Sprüche 18,12 und 1.Petrus 5,5?

📖 Bitte lesen Sie Jakobus 4,13-16.
- Was lehrt uns dieser Abschnitt über echte Demut?

📖 Bitte lesen Sie Philipper 2,3-11.
- Welche Motive können unser Handeln bestimmen? Welche Motive sind gut, welche schlecht? (Phil 2,3)
- Wie kommt in der Praxis echte Demut zum Ausdruck? (Phil 2,4)
- Was lernen wir vom Herrn Jesus über echte Demut? (Phil 2,5-11)

Zum Nachdenken:
- Hat Gott durch Sein Wort zu Ihnen gesprochen? Hat Er Sie möglicherweise auf Stolz in Ihrem Herzen aufmerksam gemacht? Wie werden Sie Gott darauf antworten?
- Auf welche Weise wirkt Gott in Ihrem Leben, um Stolz aufzudecken und Sie echte Demut zu lehren? Arbeiten Sie mit Gott zusammen, oder widerstehen Sie Seinem Reden?

Die Beziehung zu unserem Körper
Viele Menschen haben Probleme mit ihrem eigenen Körper, und zwar nicht aus gesundheitlichen Gründen, sondern weil sie mit ihm nicht zufrieden sind, sei es aufgrund ihrer Größe, ihrer Statur oder anderer Eigenschaften. Weitere Probleme haben damit zu tun, wie wir unseren Körper behandeln und wie wir ihn gebrauchen.

Zum Nachdenken:
- Welche Beobachtungen haben Sie zu den vielfältigen Problemen gemacht, die Menschen mit ihrem eigenen Körper haben?
- Sind Sie mit Ihrem eigenen Körper zufrieden?
- Wie behandeln Sie Ihren eigenen Körper?
- Ist es richtig, wozu Sie Ihren Körper gebrauchen?

Wir wollen über einige Aspekte, die mit der Beziehung zum eigenen Körper zu tun haben, nachdenken.

📖 Bitte lesen Sie Psalm 139,13-16.
- Wer hat Ihren Körper im Mutterleib gebildet?
- Wie sollten Sie über den Körper, den Gott Ihnen gegeben hat, denken?
- Was sollten Sie tun?

📖 Bitte lesen Sie 1.Korinther 6,19-20.
- Welche Aussage macht Paulus über den Leib des Gläubigen?
- Wie sollen wir, als Gläubige, unseren Leib gebrauchen?

In diesen Versen richtet sich der Apostel Paulus an gläubige Jesusnachfolger. Der Gläubige empfängt bei seiner Bekehrung, wenn er zum rettenden Glauben an Jesus Christus kommt und von Neuem geboren wird, den Heiligen Geist (vgl. Apg 2,38; Eph 1,13-14; Tit 3,4-7). Ab diesem Zeitpunkt wohnt der Heilige Geist im Gläubigen. Aus diesem Grund sagt Paulus, dass der Leib des Gläubigen ein „Tempel des Heiligen Geistes" ist. Das ist etwas Besonderes, denn durch den Heiligen Geist wohnt Gott selbst im Körper des Gläubigen! (vgl. Joh 14,15-23)

Zum Nachdenken:
- Sind Sie sich dessen bewusst, dass Ihr Körper ein Tempel des Heiligen Geistes ist?
- Wer ist der Eigentümer Ihres Leibes?
- Wie sollen Sie Ihren Leib gebrauchen?
- Wenn Ihr Körper ein Tempel des Heiligen Geistes ist, wie sollten Sie ihn dann behandeln?

Die Tatsache, dass unser Körper ein Tempel des Heiligen Geistes ist, hat Auswirkungen auf die Art und Weise, wie wir unseren Körper gebrauchen sollen.

📖 Bitte lesen Sie 1.Korinther 6,12-20.
- Was lehrt uns dieser Abschnitt über Dinge, die uns nicht zum Guten dienen?
- Was lehrt dieser Abschnitt - insbesondere uns als Gläubige - über unseren Körper und seinen richtigen Gebrauch?
- Was sollten Sie an der Art und Weise ändern, wie Sie Ihren

Körper gebrauchen?

📖 Bitte lesen Sie Epheser 5,18.
- Was sollen wir als Gläubige nicht tun? Warum?
- Was sollen wir stattdessen tun?

Das Gebot in diesem Vers impliziert, dass ein Gläubiger die Fülle des Heiligen Geistes verlieren kann, obwohl der Heilige Geist weiterhin in ihm wohnt (vgl. Joh 14,17). In Epheser 4,30 spricht Paulus davon, dass wir den Heiligen Geist durch unsere Sünde betrüben können. Wenn wir uns entscheiden, dem Heiligen Geist nicht zu gehorchen und Ihm nicht die Kontrolle über unser Leben zu geben, verlieren wir die Fülle und fallen sehr leicht in weitere Sünden. Denn wenn wir dem Heiligen Geist die Kontrolle nicht überlassen, ist unsere alte sündhafte Natur bereit, die Kontrolle zu übernehmen (vgl. Gal 5,16ff). „Vom Heiligen Geist erfüllt" zu sein bedeutet, Ihm zu gehorchen und Ihm die Kontrolle über unser Leben zu geben.
Im Zusammenhang mit der Fülle des Heiligen Geistes spricht Paulus auch das Thema der Trunkenheit an: Wir sollen uns nicht betrinken, weil dies zur Zügellosigkeit führt. Der Betrunkene verliert die Kontrolle - auch über seinen Körper. Er hat die Zügel nicht mehr selbst in der Hand, er kann nicht mehr bremsen und rechtzeitig stoppen; die Folge sind Sünden, die er mit seinem Körper - im Reden und Handeln - begeht.

Zum Nachdenken:
- Auf welche Weise beeinflussen Alkohol und Drogen die Funktion unseres Körpers?
- Was könnten mögliche Gründe für den Konsum von Alkohol und Drogen sein?
- Welche Schäden können durch den Konsum von Alkohol und Drogen verursacht werden?
- Wie sollen wir als Gläubige reagieren, wenn wir bei einem Fest zum (übermäßigen) Alkoholkonsum aufgefordert werden?
- Müssen Sie Ihr Verhalten im Blick auf den Konsum von Alkohol (und ggf. auch Drogen) verändern?

📖 Bitte lesen Sie Epheser 5,28-29.
- Wie behandeln wir normalerweise unseren Körper?
- Behandeln Sie Ihren Körper mit Hass?

Paulus spricht in diesen Versen über die Beziehung des Mannes zu seiner Frau in der Ehe. Doch seine Worte lehren uns auch etwas über unsere normale und natürliche Beziehung, die wir zu unserem Leib haben sollten.

Obwohl es normal ist, unseren Körper zu ernähren und zu pflegen, um seine Bedürfnisse zu erfüllen, sind nicht alle Wünsche, die sich in unserem Körper regen, gut. Aufgrund unserer Sündhaftigkeit entstehen auch böse Begierden, die uns zur Sünde verführen. Wir haben bereits gesehen, dass es nicht richtig ist, unseren „sexuellen Appetit" auf jegliche Weise zu stillen (1.Kor 6:12-20) oder zuzulassen, dass Alkohol oder andere Drogen unseren Körper kontrollieren. Erinnern wir uns daran, dass Gott uns Seinen Heiligen Geist gegeben hat, als Er uns gerettet hat, und dass unser Leib der Tempel des Heiligen Geistes sind! Wir sind verantwortlich für das, was wir mit unserem Körper tun, und wir müssen mit Gottes Hilfe die Herrschaft über ihn ausüben (vgl. 1. Kor 9,24-27).

📖 Bitte lesen Sie Römer 6,12-14.
- Was sollen wir nicht zulassen?
- Wem dürfen wir unseren Leib nicht als „Werkzeug" zur Verfügung stellen?
- Wem sollen wir unseren Leib als „Werkzeug" zur Verfügung stellen?

Zum Nachdenken:
- Habe ich beim Lesen dieses Kapitels etwas Neues gelernt? Was?
- Hat Gott durch Sein Wort (die Bibelstellen in diesem Kapitel) zu mir gesprochen? Was?
- Bräuchte ich vielleicht die Begleitung durch eine(n) Seelsorger(in), um einen oder mehrere der angesprochenen Aspekte (Selbstwertgefühl und Würde, Demut, die Beziehung zu meinem Körper) ausführlicher zu besprechen und gemeinsam zu beten?

5. Die Beziehung zu anderen Menschen

Nachdem wir uns im vorhergehenden Kapitel mit der Beziehung zu uns selbst beschäftigt haben, wollen wir uns nun der Beziehung zu anderen Menschen zuwenden. Es geht um die Fragen:
- Jetzt, wo ich Jesus Christus als Retter und Herrn kennengelernt habe, wie verändert sich meine Beziehung zu anderen Menschen?
- Wie soll ich mit anderen Menschen umgehen?

Im Verlauf dieses Kapitels werden wir über folgende Aspekte nachdenken, die mit unserer Beziehung zu anderen Menschen zu tun haben:
- Zwischenmenschliche Konflikte lösen
- Beziehungen in der Familie
- Beziehungen in der Gemeinde
- Weitere Beziehungen mit anderen Menschen

Zwischenmenschliche Konflikte lösen
Aufgrund des Sündenfalls wird jeder Mensch mit einer gefallenen sündhaften Natur geboren. Eine „natürliche Folge" davon ist, dass wir in einer Welt voller zwischenmenschlicher Konflikte leben. Manche Konflikte sind auf eine mangelhafte Kommunikation oder auf ein fehlendes Verständnis vonseiten des Gesprächspartners zurückzuführen. Andere Konflikte sind die Folgen unseres Fehlverhaltens; wir können andere Menschen mit unseren Worten oder mit unseren Taten verletzen.

1) Biblische Grundsätze für unsere Einstellung gegenüber anderen

📖 Bitte lesen Sie Matthäus 22,39.
- Welcher biblische Grundsatz sollte unsere Haltung in zwischenmenschlichen Beziehungen bestimmen?

📖 Bitte lesen Sie Matthäus 7,12.
- Was lehrt uns Jesus in diesem Vers über praktische Nächstenliebe?

📖 Bitte lesen Sie 2.Mose 20,12-17.
- Was lehren uns diese Gebote über praktische Nächstenliebe?

📖 Bitte lesen Sie Römer 12,16-21.
- Welche biblischen Grundsätze sollten unsere Haltung in zwischenmenschlichen Beziehungen bestimmen?
- Was hat negative Auswirkungen auf zwischenmenschliche Beziehungen?
- Warum können zwischenmenschliche Konflikte nicht durch Vergeltung gelöst werden?

Zum Nachdenken:
- Versuchen Sie bereits, diese biblischen Grundsätze im Umgang mit anderen Menschen anzuwenden?

2) Kommunikation und das Verständnis des Gesprächspartners

Zahlreiche Konflikte sind auf Probleme in der Kommunikation zurückzuführen. Manchmal geht die beabsichtigte Botschaft auf dem Weg zum Gesprächspartner einfach verloren. In anderen Fällen kommt beim Gesprächspartner eine Botschaft an, bzw. er meint eine Botschaft zu empfangen, die vom anderen gar nicht gesendet wurde.[8] Es gibt viele Gründe, warum die Kommunikation nicht gut funktioniert; sie haben vor allem mit Sprache und Wortschatz, der Art zu sprechen und der Art zuzuhören, zu tun.

---

[8] Die Bücher „Miteinander Reden" (Band 1 - 3) von Friedemann Schulz von Thun geben eine sehr gute und ausführliche Einführung in das Thema Kommunikation und die damit verbundenen Herausforderungen.
Mein Buch „Basics interkultureller Kommunikation" enthält auch eine kurze Einführung in die Kommunikationslehre, legt dann aber den Schwerpunkt auf die Kommunikation zwischen Menschen unterschiedlicher Kulturen.

Zum Nachdenken:
- Welche Kommunikationsprobleme können aufgrund von Sprache und Wortschatz (auch Dialekt!) auftreten?
- Welche Kommunikationsprobleme können aufgrund der Art zu sprechen auftreten?
- Welche Kommunikationsprobleme können aufgrund der Art zuzuhören auftreten?
- Erinnern Sie sich an Konflikte, aufgrund von Problemen in der Kommunikation? Was war geschehen? Konnten diese Konflikte gelöst werden?
- Was können Sie tun, um Ihre Kommunikation zu verbessern?

📖 Bitte lesen Sie Sprüche 18,13.
- Was lehrt uns dieses Sprichwort über Kommunikation?
- Was geschieht, wenn wir diesen Rat nicht befolgen?

📖 Bitte lesen Sie Jakobus 1,19.
- Was lehrt uns dieser Vers über Kommunikation?
- Auf welche Weise ergänzt der Rat von Jakobus Sprüche 18,13?

📖 Bitte lesen Sie Markus 9,32.
- Was lehrt uns dieser Vers über Kommunikation?
- Was wäre geschehen, wenn die Jünger Jesus gefragt hätten?
- Warum ist es wichtig, Rückfragen zu stellen?

📖 Bitte lesen Sie Markus 9,33-37?
- Was tat der Herr Jesus?
- Warum stellte Jesus diese Frage?
- Wie antworteten Jesu Jünger darauf?
- Warum war es wichtig, dass Jesus diese Frage gestellt hat?

Zum Nachdenken:
- Was sollten Sie tun, um zwischenmenschliche Konflikte aufgrund von Problemen in der Kommunikation zu vermeiden?

3) Um Vergebung bitten und vergeben

Auch wenn wir zum Glauben an Jesus Christus gekommen sind und es uns ein Anliegen ist, anderen Menschen mit Liebe zu begegnen, wir werden immer wieder andere Menschen verletzen und an ihnen schuldig werden. Aber auch das Gegenteil wird geschehen, andere werden uns verletzen und an uns schuldig. Auf diese Weise errichtet die Sünde eine unsichtbare Mauer zwischen uns und anderen Menschen. Diese unsichtbare Mauer beeinträchtigt Beziehungen und verhindert wahre Gemeinschaft. Es ist jedoch möglich, zerbrochene Beziehungen wiederherzustellen, indem man sich gegenseitig vergibt. Wegen unserer Sündhaftigkeit fällt uns das nicht leicht. Deshalb ist es wichtig, zu lernen, um Vergebung zu bitten, und anderen zu vergeben.

a. Andere um Vergebung bitten

📖 Bitte lesen Sie Matthäus 5,23-24.
* Was sollen wir tun, wenn jemand etwas gegen uns hat?

Manchmal wird Vers 23 falsch verstanden, indem man denkt, die Person, die etwas gegen uns hat, sei der Schuldige. Doch der Kontext (Mt 5,25-26) macht deutlich, dass die andere Person deswegen etwas gegen uns hat, weil wir an ihr schuldig geworden sind. In Markus 11,26 werden dieselben Worte „etwas gegen den anderen haben" gebraucht, nur dass in diesem Vers, der andere an uns schuldig geworden ist.
In Matthäus 5,23-26 lehrt uns Jesus, dass derjenige, der am anderen schuldig geworden ist, hingehen und ihn um Vergebung bitten soll. Gleichzeitig wird deutlich, dass unsere Sünde gegen andere Menschen auch eine Sünde gegen Gott ist und somit auch unsere Gemeinschaft mit Gott betrifft. Die andere Person um Vergebung zu bitten ist also nicht nur wichtig, um unsere

Beziehung zu dieser Person wiederherzustellen, sondern auch eine Bedingung dafür, wieder volle Gemeinschaft mit Gott zu haben.

📖 Bitte lesen Sie Lukas 15,18.21.
- Was lernen wir vom „verlorenen Sohn"?

📖 Bitte lesen Sie 1.Johannes 1,6-9.
- Warum ist es wichtig, unsere Sünden zu bekennen und um Vergebung zu bitten?
- Warum ist es wichtig, sowohl Gott als auch die Person, an der wir schuldig wurden, um Vergebung zu bitten?

Die andere Person, an der wir schuldig geworden sind, aufzusuchen und sie um Vergebung zu bitten, ist für uns etwas Demütigendes. Deshalb fällt es uns nicht leicht; aber trotzdem sollten wir es tun. Oft ist damit auch die Angst verbunden, der andere würde uns abweisen und uns die Vergebung verweigern. Doch wir sollten uns immer bewusst sein, dass es nicht so sehr auf die Reaktion des anderen ankommt, sondern darauf, dass wir das Richtige tun - nämlich die Verantwortung für *unser* Fehlverhalten zu übernehmen und dafür um Vergebung zu bitten. Wie der andere darauf reagiert, ob er unsere Bitte um Vergebung annimmt oder nicht, das ist seine Verantwortung (damit werden wir uns noch beschäftigen).

Zum Nachdenken:
- Fällt es Ihnen eher leicht oder eher schwer, andere um Vergebung zu bitten?
- Was hindert Sie daran, um Vergebung zu bitten? Stolz? Angst? Schamgefühle?
- Gibt es jemanden, den Sie um Vergebung bitten sollten?

📖 Bitte lesen Sie 2.Mose 22,1-14 und Lukas 19,1-10.
- Für den Fall, dass Sie jemandem materiellen Schaden zugefügt haben, reicht es aus, sich ohne Wiedergutmachung zu entschuldigen?
- Auf welche Weise wollte Zachäus diejenigen, die er bestohlen hatte, um Vergebung bitten?

Die Briefe des Neuen Testaments verlangen nicht, diese Fälle auf die gleiche Weise zu regeln, wie es das Gesetz des Alten Testaments verlangte (bis zum Vierfachen zurückerstatten). Aber es ist ein weiser und fairer Grundsatz, den Schaden, den man angerichtet hat, zumindest wiedergutzumachen.

b. Anderen vergeben

📖 Bitte lesen Sie Matthäus 6,12-15 und Markus 11,25-26.
- Wie verknüpft Jesus im Vaterunser unsere Bitte um Vergebung an Gott mit der Vergebung, die wir anderen gewähren?
- Was geschieht, wenn wir anderen unsere Vergebung verweigern?

📖 Bitte lesen Sie Matthäus 18,21-35.
- Was lehrt uns Jesus darüber, anderen zu vergeben?
- Was geschieht, wenn wir anderen unsere Vergebung verweigern?

📖 Bitte lesen Sie Lukas 17,3-4.
- Sollen wir schweigen, wenn ein Bruder oder eine Schwester gegen uns sündigt?
- Wie sollen wir auf die Bitte um Vergebung antworten?
- In welcher Weise ergänzen sich Matthäus 18,21-22 und Lukas 17,4?

📖 Bitte lesen Sie Epheser 4,32.
- Auf welche Weise sollen wir einander vergeben?

Zum Nachdenken:
- Fällt es Ihnen leicht, zu vergeben?
- Was macht es Ihnen schwer zu vergeben? Verletzter Stolz? Ihre Gefühle? Die Schwere des an Ihnen begangenen Unrechts?
- Was ist Ihre Verantwortung, wenn Sie jemand um Vergebung bittet? Welche Auswirkungen hat es, wenn Sie Ihrer Verantwortung nicht nachkommen?

- Ist es weise, zu einer Person, die weder umkehrt, noch um Vergebung bittet, zu sagen: „Ich vergebe Dir"? - Warum nicht?
- Ist es gut und weise, im Herzen einen Groll zu hegen und dem Schuldigen nicht zu vergeben? Wie wird es Ihnen ergehen, wenn der andere nicht umkehrt und Sie um Vergebung bittet, und Sie einen Groll im Herzen hegen, ohne dem anderen zu vergeben? Auf welche Weise würde dies auch Ihre Beziehung zu Gott beeinträchtigen?
- Gibt es jemanden, gegen den Sie einen Groll heben? Gibt es jemanden, dem Sie vergeben sollten, obwohl diese Person ihr Fehlverhalten nicht anerkennt und/oder Sie nicht um Vergebung bittet?

Beziehungen in der Familie

In diesem Abschnitt wollen wir kennenlernen, was die Bibel über Beziehungen in der Familie lehrt.
- Die Beziehung der Kinder zu ihren Eltern
- Die Beziehung der Eltern zu ihren Kindern
- Die Beziehung in der Ehe

1) Die Beziehung der Kinder zu ihren Eltern

📖 Bitte lesen Sie 2.Mose 20,12.
- Wie sollen wir unseren Vater und unsere Mutter behandeln?
- Was bedeutet es, jemanden zu „ehren"? Wie sieht das praktisch aus?

📖 Bitte lesen Sie Markus 7,8-13.
- Wofür klagte Jesus die Pharisäer und Schriftgelehrten an?
- Auf welche Weise hoben die Pharisäer und Schriftgelehrten durch ihre Überlieferungen Gottes Wort auf?
- Welche Verantwortung haben Kinder, wenn ihre Eltern im Alter nicht mehr für sich selbst sorgen können?

📖 Bitte lesen Sie Epheser 6,1-3 und Kolosser 3,20.
- Was sollen Kinder tun?

Sowohl in Epheser 6,1 als auch in Kolosser 3,20 gebraucht Paulus den griechischen Begriff „teknon", der sich auf minderjährige Kinder bezieht. Es geht hier also um Kinder, die noch unter der elterlichen Autorität und Fürsorge stehen und von ihren Eltern abhängig sind.

Zum Nachdenken:
- Warum ist es wichtig, zwischen minderjährigen und erwachsenen Kindern zu unterscheiden?
- Auf welche Weise verändert sich die Beziehung zwischen Eltern und Kindern, wenn die Kinder erwachsen werden?
- Wie sollen erwachsene Kinder ihre Eltern behandeln?

📖 Bitte lesen Sie 1.Timotheus 5,3-8.
- Was sollen die Kinder oder die Enkel tun, wenn ihre Mutter oder Großmutter verwitwet ist?
- Warum sollen sie sich auf diese Weise verhalten?
- Ist dieses Prinzip auch auf Väter oder Großväter, die verwitwet sind, anwendbar?
- Welche Aussage macht Paulus über denjenigen, der sich nicht um seine Angehörigen kümmert?

Gott will, dass die Kinder ihre Eltern mit Respekt und Liebe behandeln. Das bedeutet, dass Kinder und Jugendliche, die noch der elterlichen Autorität und Fürsorge anbefohlen sind, ihren Eltern gehorchen sollen (Eph 6,1f). Erwachsene Kinder, insbesondere, wenn sie nicht mehr finanziell von ihren Eltern abhängig und/oder verheiratet[9] sind, sind unabhängig und für ihr eigenes Leben verantwortlich. Trotzdem behält das Gebot, Vater und Mutter zu ehren, seine Gültigkeit. Dazu gehört, sich um die Eltern zu kümmern, wenn diese alt sind und Hilfe benötigen (vgl. Mk 7,9-13).

---

[9] Wenn die Kinder heiraten, verlassen sie ihre Eltern und gründen eine eigene Familie (vgl. 1.Mo 2,24).

Zum Nachdenken:
- Wie ist Ihre Beziehung zu Ihren Eltern?
- Was sollten Sie tun, um die Beziehung zu Ihren Eltern zu verbessern?
- Sollten Sie Gott und Ihre Eltern für Ihre Haltung und Ihr Verhalten um Vergebung bitten?

2) Die Beziehung der Eltern zu ihren Kindern

📖 Bitte lesen Sie Epheser 6,4.
- Was sollten Väter (und Mütter) nicht tun?
- Wie sollten Eltern ihre Kinder erziehen?

📖 Bitte lesen Sie Kolosser 3,21.
- Was sollten Väter (und Mütter) nicht tun?
- Was kann geschehen, wenn Eltern ihre Kinder provozieren und kränken?

Paulus macht deutlich, dass Kinder Korrektur und Zurechtweisung, Grenzen und Ermahnung brauchen. Doch das bedeutet nicht, dass Eltern ihre Kinder schlecht behandeln und ihre Wut an ihnen auslassen dürfen. Es gefällt Gott nicht, wenn wir unsere Kinder auf eine übermäßige und/oder ungerechte Weise bestrafen. Das Ziel unserer Korrektur und Erziehung sollte es sein, dass unsere Kinder Gott lieben lernen und sie eine gesunde Ehrfurcht vor Gott entwickeln, um sie so auf ein verantwortliches Leben als Erwachsene vorzubereiten.
Leider behandeln wir (auch als Jesusnachfolger) unsere Kinder immer wieder ungerecht. Manchmal fordern wir von ihnen Dinge, zu denen sie (noch) nicht in der Lage sind. Manchmal kritisieren wir sie für Dinge, die nicht so relevant sind, wie Kleidung, Haartracht oder Musikstil. Wie viel elterliche Kritik gibt es in den Bereichen, in denen das Kind freie Wahl hat! Manchmal schauen wir auf das Oberflächliche, anstatt das Wesentliche zu korrigieren, dort, wo es wirklich notwendig ist.

Zum Nachdenken:
- Wie ist Ihre Beziehung zu Ihren Kindern?

- Was sollten Sie tun, um die Beziehung zu ihren Kindern zu verbessern?
- Sollten Sie Gott und Ihre Kinder für Ihre Haltung und Ihr Verhalten um Vergebung bitten?

3) Die Beziehung in der Ehe

📖 Bitte lesen Sie 1.Mose 2,24.
- Was lehrt die Bibel über die Ehe?
- Wie wird die Beziehung zwischen Mann und Frau in der Ehe beschrieben?

📖 Bitte lesen Sie 2.Mose 20,14.
- Was verbietet uns das siebte[10] Gebot?
- Aus welchem Grund gab Gott dieses Gebot?
- Welche wichtige Aussage macht Jesus zu diesem Gebot in Matthäus 5,27-28?

📖 Bitte lesen Sie Matthäus 19,3-9 und Markus 10,2-12.
- Was lehrt der Herr Jesus in diesen Abschnitten über die Ehe?
- Was lehrt der Herr Jesus in diesen Abschnitten über die Scheidung?

📖 Bitte lesen Sie Epheser 5,21-33.
- Wie sollten Gläubige in der gegenseitigen Beziehung untereinander leben? (Eph 5,21)
- Wie sollte sich die Ehefrau verhalten? (Eph 5,22.24.33) Warum sollte sie das tun? (Eph 5,23-24)
- Wie sollte der Ehemann seine Frau behandeln? (Eph 5,25.28.33)?
- Was ist Gottes Absicht mit der Ehe? (Eph 5,31, vgl. 1.Mo 2,24)
- Was soll die Einheit zwischen Mann und Frau in der Ehe veranschaulichen? (Eph 5,32)

---

[10] Nach reformierter Zählung; nach lutherischer Zählung ist es das sechste Gebot. Ich persönlich, verwende die reformierte Zählung, da sie meines Erachtens dem Text in 2.Mose 20,1-17 besser gerecht wird.

Was Paulus hier über die Ehe lehrt, stößt heute leider oft auf Ablehnung. Aber liegt ein häufiger Grund für Probleme in der Ehe nicht auch darin, dass wir Gottes gute Ordnungen für unser Leben nicht beachten (wollen)? Paulus spricht hier Männer und Frauen mit ihren jeweiligen Defiziten an, also in Bereichen, in denen sie sich besonders schwertun. Leider haben die Männer die Tendenz, besonders auf das zu achten, was Paulus den Frauen zu sagen hat - und umgekehrt. Aus diesem Grund tun wir gut daran, in erster Linie auf das zu achten, was an uns gerichtet ist und nicht so sehr auf das, was unseren Ehepartner betrifft. Außerdem sollten wir uns davor hüten, diese Verse (und die folgenden, die wir noch lesen werden) dazu zu gebrauchen, um von unserem Ehepartner ein bestimmtes Verhalten einzufordern.

📖 Bitte lesen Sie Kolosser 3,18-19.
- Wie sollte sich die Ehefrau verhalten? Warum sollte sie das tun?
- Was sollte der Ehemann tun? Was sollte er nicht tun?

📖 Bitte lesen Sie 1.Petrus 3,1-7.
Petrus hat hier in Vers 1-6 gläubige Ehefrauen im Blick, deren Männer (noch) nicht gläubig sind.
- Wie sollen sich diese Frauen gegenüber ihren (noch) nicht gläubigen Männern verhalten?
- Was empfiehlt Petrus diesen Frauen, um ihre Männer für Jesus zu gewinnen? Welche Mittel sind angemessen, welche nicht?
- Was sollen sie als „Töchter Saras" tun?
- Wie sollen sich die gläubigen Ehemänner gegenüber ihren Frauen verhalten?
- Welche Auswirkungen hat das Fehlverhalten des Ehemanns auf das Gebet?

Zum Nachdenken:
- Wie ist Ihre Beziehung in der Ehe?
- Was sollten Sie tun, um die Beziehung zu Ihrem Ehepartner zu verbessern?
- Sollten Sie Gott und Ihre/n Partner/in um Vergebung für Ihre

Haltung und Ihr Verhalten bitten?

Beziehungen in der Gemeinde

In diesem Abschnitt geht es um die Beziehungen in der Gemeinde
- mit den Gemeindeleitern
- der/des Gemeindeleiter(s) mit den anderen Gemeindegliedern
- unter Gläubigen (mit den Glaubensgeschwistern)

1) Die Beziehung mit den Gemeindeleitern[11]

📖 Bitte lesen Sie 1.Timotheus 5,17-20.
- Wie sollen wir die Ältesten der Gemeinde behandeln?
- Wie soll vorgegangen werden, wenn es Grund zur Klage gegen Älteste gibt?
- In welcher Weise können/sollen diese Prinzipien auch auf andere Mitarbeiter/Verantwortliche der Gemeinde angewandt werden?

📖 Bitte lesen Sie 1.Petrus 5,5.
- Was sollen die jüngeren Gemeindeglieder tun? Warum richtet sich Petrus hier insbesondere an die jüngere Generation?
- Wenn sich Petrus hier an die jüngere Generation wendet, bedeutet das, dass die ältere Generation das Recht hat, sich der Gemeindeleitung nicht unterzuordnen?
- Was sollen alle Gemeindeglieder (inklusive Gemeindeleiter) tun?

📖 Bitte lesen Sie Hebräer 13,17.
- Wie sollen wir mit den Gemeindeleitern umgehen und

---

[11] Im Neuen Testament werden die Begriffe „Älteste", „Aufseher" oder „Bischöfe" (je nach Übersetzung) sowie „Hirten" (Hirte = Pastor) synonym verwendet. Die unterschiedlichen Begriffe beschreiben unterschiedliche Aspekte der Aufgaben von Gemeindeleitern.

welcher Grund wird dafür genannt?
- Welche Folgen hat es, wenn wir die Gemeindeleiter nicht so behandeln?

Zum Nachdenken:
- Wie ist Ihre Beziehung zu den Leitern Ihrer Gemeinde?
- Was sollten Sie tun, um die Beziehung zu Ihren Gemeindeleitern zu verbessern?
- Sollten Sie Gott und die Gemeindeleiter für Ihre Haltung und Ihr Verhalten um Vergebung bitten?

2) *Die Beziehung der/des Gemeindeleiter(s) mit den anderen Gemeindegliedern*

📖 Bitte lesen Sie Lukas 22,24-27.
- Worüber stritten die Jünger Jesu?
- Was lehrte Jesus seine Jünger bei dieser Gelegenheit über Leiterschaft?
- Welche Haltung sollten die Leiter einer Gemeinde haben und wie sollten sie dienen?

📖 Bitte lesen Sie 1.Petrus 5,1-4.
- Was sollen die Ältesten einer Gemeinde tun?
- Wie sollen die Ältesten ihren Hirtendienst ausführen?
- Wie sollen sich die Ältesten verhalten?
- In welcher Weise können/sollen diese Prinzipien auch auf andere Mitarbeiter/Verantwortliche der Gemeinde angewandt werden?

Zum Nachdenken (sofern Sie eine Leitungsfunktion in Ihrer Gemeinde ausüben):
- Als Leiter: Wie ist Ihre Beziehung zu den Mitgliedern Ihrer Gemeinde?
- Als Leiter: Was sollten Sie tun, um die Beziehung zu den Mitgliedern ihrer Gemeinde zu verbessern?
- Sollten Sie Gott und bestimmte Mitglieder Ihrer Gemeinde um Vergebung für Ihre Haltung und Ihr Verhalten bitten?

3) Die Beziehung unter den Gläubigen

📖 Bitte lesen Sie Johannes 13,34-35.
- Welches neue Gebot hat Jesus seinen Jüngern gegeben?
- Was wird geschehen, wenn wir dieses Gebot erfüllen? Was, wenn wir es nicht tun?

📖 Bitte lesen Sie 1.Petrus 1,22.
- Auf welche Weise sollten wir unsere Glaubensgeschwister lieben?

📖 Bitte lesen Sie Epheser 4,2-3.
- Wie sollen wir andere Menschen behandeln, insbesondere unsere Geschwister im Glauben?
- Was lehrt Paulus über die Einheit in der Gemeinde?

📖 Bitte lesen Sie Philipper 2,1-11.
- Auf welche Weise soll sich die Einheit in Christus in der Gemeinde erweisen?
- Wie sollen wir handeln und was sollen wir unterlassen?

📖 Bitte lesen Sie 1.Timotheus 5,1-2.
- Wie sollte Timotheus mit den verschiedenen Personengruppen in der Gemeinde umgehen?
- Auf welche Weise können/sollen wir diese Anweisungen heute in der Gemeinde umsetzen?

Zum Nachdenken:
- Wie ist Ihre Beziehung zu Ihren Glaubensgeschwistern in Ihrer Gemeinde?
- Was sollten Sie tun, um die Beziehung zu Ihren Glaubensgeschwistern zu verbessern?
- Sollten Sie Gott und bestimmte Glaubensgeschwister um Vergebung für Ihre Haltung und Ihr Verhalten bitten?

4) Gemeindedisziplin

Von Zeit zu Zeit entstehen in der Gemeinde „ernsthafte"

Probleme, wenn ein Mitglied in eine schwerwiegende Sünde fällt und diese nicht bereuen und/oder aufgeben will. Wie soll man damit umgehen? Nun, das ist ein „heißes Thema", denn es führt uns zur sogenannten „Gemeindedisziplin" bzw. „Gemeindezucht". Die Situation wird dadurch verschärft, wenn eine Gemeinde keine Disziplin praktiziert oder sie auf unbiblische Weise praktiziert.[12] Wo Gemeindedisziplin praktiziert wird, setzt sich die Gemeindeleitung immer der Gefahr aus, kritisiert zu werden - insbesondere von Familienmitgliedern oder sehr engen Freunden des betreffenden Gemeindeglieds. Daher ist es meines Erachtens notwendig, dass jedes Mitglied weiß, was das Neue Testament über Gemeindedisziplin lehrt und dass diese in der Gemeinde auf korrekte Weise praktiziert wird.

📖 Bitte lesen Sie Matthäus 18,15-17.
- Wie soll vorgegangen werden, wenn ein Bruder (oder eine Schwester) gegen einen Bruder (oder eine Schwester) sündigt? Welche drei möglichen Schritte gibt es?
- Welches ist der letzte Schritt, wenn der Bruder oder die Schwester seine/ihre Sünde weder anerkennt, noch umkehrt?
- Was lehrt uns dieser Abschnitt über Gemeindedisziplin und darüber, wie diese praktiziert werden sollte?
- Was geschieht, wenn man die ersten beiden Schritte auslässt und gleich mit dem letzten Schritt beginnt?

📖 Bitte lesen Sie Galater 6,1.
- Wie sollten wir mit Glaubensgeschwistern umgehen, die in Sünde fallen?
- Worauf sollten wir selbst achten, wenn wir anderen, die in Sünde gefallen sind, zurecht helfen?

📖 Bitte lesen Sie Römer 16,17-18 und Titus 3,10-11.
- Über wen spricht Paulus in diesen Versen?

---

[12] In Deutschland haben wir nach meiner Beobachtung die Situation, dass Gemeindedisziplin nur recht selten bis gar nicht praktiziert wird. In Peru habe ich dagegen beobachtet, dass Gemeindedisziplin selbstverständlich praktiziert wird, allerdings wird sie leider nicht immer auf biblische Weise praktiziert. Es gibt bei diesem Thema also zwei Seiten, auf denen man vom Pferd fallen kann und die man beide vermeiden sollte!

- Wie sollte die Gemeinde diesen Personen gegenüber reagieren?

📖 Bitte lesen Sie 1.Korinther 5,1-13.
- In welche Sünde war ein Mitglied der Gemeinde in Korinth gefallen?
- Wie hatte die Gemeinde in Korinth darauf reagiert?
- Wie hätte die Gemeinde in diesem Fall reagieren sollen?
- Abgesehen von sexueller Unmoral, welche Sünden nennt Paulus hier noch? (1.Kor 5,10-11)
- Was lehrt uns dieser Abschnitt über Gemeindedisziplin? In welchen Fällen sollte sie praktiziert werden?

In Bezug auf diese Thematik der Gemeindedisziplin ist es zunächst notwendig, den Kontext des jeweiligen Abschnitts zu berücksichtigen. Das grundsätzliche Ziel dabei ist immer, dass das in Sünde gefallene Gemeindeglied zur Umkehr kommt. Gemäß Matthäus 18,15-17 muss zuerst das Gespräch mit der betreffenden Person gesucht werden. Der Gemeindeausschluss ist dabei der letzte Schritt, der nur dann vollzogen werden soll, wenn keine Umkehr erfolgt. Galater 6,1 zeigt uns, in welcher Haltung wir dem/der in Sünde gefallenen Bruder/Schwester begegnen sollen. Wenn das entsprechende Gemeindeglied trotz aller Gespräche nicht umkehren, sondern weiterhin in Sünde leben will - wie ein Ungläubiger - dann soll es aus der Gemeinde ausgeschlossen werden. Paulus spricht in 1.Korinther 5,5 davon, *„einen solchen im Namen unseres Herrn Jesus dem Satan zu überliefern zum Verderben des Fleisches, damit der Geist gerettet wird am Tage des Herrn."* Dahinter steckt der Gedanke, die betreffende Person aus der Gemeinde hinaus in die Welt auszustoßen, die als Machtbereich Satans gilt. Das Ziel davon ist, dass die Person dann doch noch zur Besinnung und Umkehr kommt.

Außerdem ist zu bedenken, dass 1.Korinther 5,10-11 mehrere Sünden aufzählt, nicht nur Unzucht. Manchmal hat man in der Gemeinde nur sexuelle Sünden im Blick, die als besonders schwerwiegend gelten. Aber was ist mit geldgierigen Gemeindegliedern oder denen, die gerne Tratsch verbreiten und andere Verleumden? Darüber hinaus ist in Römer 16,17-18 und

Titus 3,10-11 die Rede von Personen, die Irrlehren verbreiten und Gemeindespaltungen verursachen; sollten wir diese Leute etwa gewähren lassen?

Manchmal laufen wir Gefahr, die Türen der Gemeinde für das ausgeschlossene Gemeindeglied für immer zu schließen. Aber wenn die betreffende Person Buße tut und umkehrt, sollten wir ihr die Türen wieder offnen und uns mit ihr freuen (vgl. Mt 18,12-13; Lk 15,1-32).

Zum Nachdenken:
- Wird in Ihrer Gemeinde Gemeindedisziplin praktiziert?
- Falls nicht, welches sind die Gründe dafür?
- Falls ja, wird Gemeindedisziplin auf biblische Weise praktiziert?

Weitere Beziehungen mit anderen Menschen

Abgesehen von unserer Familie und der Gemeinde stehen wir auch in vielfältigen Beziehungen zu anderen Menschen. Unser Alltag ist geprägt von vielen Beziehungen. Einige dieser Beziehungen werden von uns aktiv gesucht und gepflegt (z. B. mit Freunden), während andere Beziehungen das Ergebnis von Umständen sind (z. B. weil wir an einem bestimmten Ort leben, an einer bestimmten Schule oder Universität studieren, in einem bestimmten Unternehmen arbeiten usw.). Natürlich spricht die Bibel nicht erschöpfend und systematisch über alle Arten von zwischenmenschlichen Beziehungen, die sich während unseres Lebens ergeben können. Aber sie spricht doch auch über weitere Arten von Beziehungen, abgesehen von Familie und Gemeinde. In diesem Abschnitt werden wir einige wichtige Bibelstellen kennenlernen, die uns etwas über verschiedene Arten von Beziehungen zu sagen haben. Doch zuvor werden wir uns kurz ein paar allgemeine Aussagen anschauen, die wir auf jegliche Art von zwischenmenschlicher Beziehung anwenden sollten.

1) Beziehungen im Allgemeinen

📖 Bitte lesen Sie Matthäus 7,12.
- Wie sollen wir mit anderen Menschen umgehen?
- Worin besteht der Unterschied zwischen dieser Aussage Jesu und der bekannten Maxime „Was du nicht willst, das man dir tu, das füg auch keinem andern zu!"?

📖 Bitte lesen Sie Matthäus 22,39 und Lukas 10,27-37.
- Was sollen wir tun?
- Wer ist Ihr Nächster?
- Für wen sind Sie der Nächste?

📖 Bitte lesen Sie Römer 12,18 und Hebräer 12,14.
- Was sollte unser Grundanliegen sein?

Zum Nachdenken:
- Können Sie diese allgemeinen Aussagen auf jede Art von zwischenmenschlichen Beziehungen anwenden?
- Sollten Sie Ihre Einstellung und Ihren Umgang mit anderen verändern?

2) Beziehungen mit Freunden

📖 Bitte lesen Sie Hiob 6,14.
- Wie sollten wir mit unseren Freunden umgehen?

📖 Bitte lesen Sie Sprüche 17,17.
- Was tut ein Freund?

📖 Bitte lesen Sie Johannes 15,13.
- Was ist das Größte, was ein Freund tun kann?
- Was hat Jesus für Seine Freunde getan?

3) Beziehungen mit Feinden

📖 Bitte lesen Sie Matthäus 5,43-48.

- Wie sollten wir unsere Feinde behandeln?
- Womit begründet Jesus dies?

📖 Bitte lesen Sie Römer 12,17-21.
- Wie sollten wir unseren Feinden begegnen?
- Was lehrt Gottes Wort über die Rache?
- Auf welche Weise illustriert 2.Könige 6,8-23 die Lehre aus Römer 12,20-21?

Zum Nachdenken:
- Haben Sie Feinde? Falls ja, wie begegnen Sie ihnen?
- Haben Sie schon einmal versucht, die Lehren aus Matthäus 5,43-48 und/oder Römer 12,17-21 anzuwenden? Was ist geschehen? Hat sich etwas verändert?

4) Beziehungen am Arbeitsplatz

Zu neutestamentlichen Zeiten war die Kultur ganz anders als heute; aus diesem Grund gibt es keine Bibelstellen, die explizit von Beziehungen am Arbeitsplatz sprechen, z.B. in einem Unternehmen. Es ist jedoch möglich, die Abschnitte, die von Sklaven und Herren sprechen, auf die Beziehung zwischen dem Arbeiter/Angestellten und seinem Chef anzuwenden.

a. Die Beziehung des Arbeiters/Angestellten mit seinem Chef

📖 Bitte lesen Sie Epheser 6,5-8 und Kolosser 3,22-25.
- Wie soll sich der Arbeiter/Angestellte seinem Chef gegenüber verhalten?
- Auf welche Weise soll der Arbeiter/Angestellte seine Arbeit ausführen?

📖 Bitte lesen Sie 1.Timotheus 6,1-2.
- Was lehrt uns Vers 1 über den Umgang mit Chefs, die (noch) nicht gläubig sind?
- Wie soll der gläubige Mitarbeiter seinen Chef behandeln, der ebenfalls gläubig ist? Auf welche Weise soll er seine Arbeit

verrichten?

📖 Bitte lesen Sie 1.Petrus 2,18-25.
- Wie soll ein gläubiger Mitarbeiter seinen Chef behandeln, auch wenn dieser verkehrt handelt?
- Warum soll sich der gläubige Mitarbeiter auf diese Weise verhalten?
- Was sollen wir von Jesu Beispiel lernen?

b. Die Beziehung des Chefs mit seinem Arbeiter/Angestellten

📖 Bitte lesen Sie Epheser 6,9 und Kolosser 4,1.
- Wie soll ein gläubiger Chef seinen Mitarbeiter behandeln?
- Woran soll ein Chef denken, insbesondere wenn er an Jesus Christus glaubt?

Zum Nachdenken:
- Als Arbeiter(in)/Angestellte(r): Wie ist Ihre Haltung und Ihr Verhalten gegenüber Ihrem Chef? Sollten Sie etwas daran verändern?
- Als Chef(in)/Vorgesetzte(r): Wie ist Ihre Haltung und Ihr Verhalten gegenüber Ihren Mitarbeitern? Sollten Sie etwas daran verändern?
- Wie sollten Sie mit Ihren Arbeitskollegen umgehen? Auf welche Weise können/sollten die biblischen Prinzipien, die wir in diesem Abschnitt kennengelernt haben, auch auf die Beziehung zwischen Arbeitskollegen angewandt werden?

5) Die Beziehung zu staatlichen Autoritäten

📖 Bitte lesen Sie Römer 13,1-7 und 1.Petrus 2,13-17.
- Wie sollten wir uns staatlichen Autoritäten gegenüber verhalten?
- Zu welchem Zweck hat Gott in dieser Welt staatliche Autoritäten eingesetzt? Warum sind sie in dieser gefallenen Welt eine Notwendigkeit?

📖 Bitte lesen Sie 1.Timotheus 2,1-4.
- Was sollen wir für die staatlichen Autoritäten tun?
- Warum ist das so wichtig?

Zum Nachdenken:
- Wie ist Ihre Haltung gegenüber den staatlichen Autoritäten? Sollte sich daran etwas ändern?
- Warum fällt es uns leichter, über die Regierung zu schimpfen und sie zu kritisieren, anstatt für sie zu beten?
- Wie sollten wir reagieren, wenn die staatlichen Autoritäten etwas von uns verlangen, was Gottes Wort und Gottes Geboten klar widerspricht? Was lehrt uns Apostelgeschichte 4,19 und 5,29 darüber?

6) Die Beziehung zu Fremden/Migranten

📖 Bitte lesen Sie 2.Mose 22,20; 23,9 und 5.Mose 10,19.
- Wie sollen wir Fremde/Migranten behandeln?
- Warum gab Gott dem Volk Israel diese Gebote? Welche Erfahrungen hatten die Israeliten in Ägypten gemacht?
- Haben Sie schon einmal für längere Zeit als Fremder/Migrant in einem anderen Land gelebt? Welche Erfahrungen haben Sie dabei gemacht?
- Welche Haltung haben Sie gegenüber Fremden/Migranten? Sollte sich daran etwas ändern?

Zum Abschluss dieses Kapitels möchte ich noch kurz darauf hinweisen, dass wir als Nachfolger Jesu natürlich auch die Aufgabe haben, anderen Menschen, die Jesus noch nicht persönlich als Herrn und Retter kennen, das Evangelium weiterzusagen und so an der Erfüllung des Missionsbefehls mitzuwirken (vgl. Mt 28,18-20; Mk 16,15f; Lk 24,45-49; Joh 20,21; Apg 1,8; 2.Kor 5,20; 1.Petr 3,15-16).

Zum Nachdenken:
- Habe ich beim Lesen dieses Kapitels etwas Neues gelernt?

Was?

- Hat Gott durch Sein Wort (die Bibelstellen in diesem Kapitel) zu mir gesprochen? Was?
- Bräuchte ich vielleicht die Begleitung durch eine(n) Seelsorger(in), um einen oder mehrere der angesprochenen Aspekte (um Vergebung bitten, anderen Vergeben, Beziehungen in der Familie, Beziehungen in der Gemeinde, sonstige Beziehungen zu anderen Menschen) ausführlicher zu besprechen und gemeinsam zu beten?

6. Die Beziehung zur Mit-Schöpfung und materiellen Welt

Im vorhergehenden Kapitel haben wir uns ausführlich mit den verschiedenen Beziehungen zu anderen Menschen beschäftigt. In diesem letzten Kapitel geht es nun um unsere Beziehung zur Mit-Schöpfung und zur materiellen Welt, insbesondere um die Fragen:

- Jetzt, wo ich Jesus Christus als Retter und Herrn kennengelernt habe, wie verändert sich meine Beziehung zur Mitschöpfung und materiellen Welt?
- Wie soll ich die Schöpfung behandeln?
- Wie soll mein Umgang mit Tieren sein?
- Wie soll ich mit materiellen Dingen umgehen?

Bei der Beschäftigung mit dem Sündenfall in Kapitel 1 sahen wir, dass die Sünde von Adam und Eva eine ganze Reihe von Konsequenzen hatte und auch die Beziehung des Menschen zur Mit-Schöpfung und zur materiellen Welt beeinträchtigte.

Die Beziehung zur Mit-Schöpfung: Natur und Mit-Geschöpfe

Die ersten beiden Kapitel der Bibel (1.Mo 1-2) stellen uns Gott als Schöpfer des Himmels, der Erde und von allem, was es auf der Erde gibt, vor. Alles, was es in der materiellen Welt gibt, existiert, weil es von Gott geschaffen wurde; sei es „tote Materie" wie Erde, Gesteine und Erze oder sei es „lebendige Materie", wie Pflanzen, Tiere und der Mensch. Natürlich ist der Mensch wesentlich mehr als Materie, er ist eine „lebende Seele" mit „Lebensodem", aber gebildet aus dem „Staub der Erde" (1.Mo 2,7). Der Mensch wurde mit einem physischen Körper geschaffen, um in einer materiellen Welt zu leben. Als ein in der Schöpfungsordnung den Tieren übergeordnetes Geschöpf ist der Mensch ein Teil der von Gott geschaffenen Natur. Er steht in Beziehung zur Natur und zu den anderen ihn umgebenden Geschöpfen (Tieren), die seine „Gefährten" sind.

Leider beeinflusste der Sündenfall des Menschen auch seine Beziehung zur Natur und in der Folge auch zu anderen Lebewesen. Um zu verstehen, welches die richtige Beziehung des Menschen zur Natur und zu anderen Geschöpfen wäre, müssen wir die Stellung und Aufgabe kennen und verstehen, die Gott dem Menschen am Anfang, als er ihn schuf, - *vor dem Sündenfall* -, zugewiesen hatte.

📖 Bitte lesen Sie 1.Mose 1,26-28.
- Als was schuf Gott den Menschen?
- Welche Ähnlichkeit und Beziehung besteht zwischen dem Menschen und seinem Schöpfer?
- Womit beauftragte Gott den Menschen?

Gott der Schöpfer ist der Herrscher des Universums, Er hat die Erde als Lebensraum für den Menschen erschaffen (Ps 115,16). Gott schuf den Menschen nach seinem Bild; als „Ebenbild" soll der Mensch Gott hier auf Erden widerspiegeln und repräsentieren. Als Repräsentant Gottes wurde der Mensch beauftragt, hier auf Erden die Herrschaft auszuüben. Aber trotz seiner hohen Stellung, von Gott über alle anderen Geschöpfe erhoben, ist der Mensch immer noch ein Geschöpf und kein Gott! Außerdem erstreckte sich die Herrschaft des Menschen – in seinem ursprünglichen Zustand vor dem Sündenfall – auf Flora, Fauna und die Erde, nicht aber auf andere Menschen (vgl. 1.Mo 1,26.28). Die Herrschaft des Menschen über den Menschen ist eine Folge des Sündenfalls. Später setzte Gott staatliche Autoritäten ein, um die Ausbreitung der Sünde durch Gesetze und Strafen zu begrenzen (vgl. 1.Mo 9,5-6; Röm 13,1-7; 1 Petr 2,13-17).

📖 Bitte lesen Sie 1.Mose 2,15.
- Welche Aufgabe gab Gott dem Menschen?

Die Aufgabe über die Erde zu herrschen und sie sich untertan zu machen, begann im Garten Eden. 1.Mose 2,15 konkretisiert, auf welche Weise der Mensch herrschen und sich die Erde untertan machen sollte: Er sollte sie „bebauen und bewahren". Aus dieser verantwortungsvollen Aufgabe, die Gott dem Menschen übertragen hatte, leitet sich der sogenannte „Kulturauftrag" an den Menschen ab; der Begriff „Kultur" ist vom lateinischen Begriff „cultura", d. h., "bebauen", „urbar machen",

„pflegen", abgeleitet. Der Mensch sollte also die Erde kultivieren und füllen (vgl. 1.Mo 1,28). Allerdings sollte er nicht auf eine zerstörerische Art, sondern auf eine schützende Weise herrschen und kultivieren. Ja, der Mensch soll kultivieren und auf diese Weise die Erde gestalten, aber auch pflegen, bewahren und schützen. Diese Aufgabe hatte Gott dem Menschen, als er ihn schuf, bereits *vor* dem Sündenfall übertragen; diese Aufgabe hat sich auch *nach* dem Sündenfall nicht geändert! Aber der Sündenfall hat zu gravierenden Veränderungen geführt, im Wesen des Menschen aber auch in der übrigen Schöpfung. Diese Veränderungen beeinflussten die Beziehung des Menschen zur Natur und zu seinen Mit-Geschöpfen.

📖 Bitte lesen Sie 1.Mose 3,17-18 und Römer 8,19-22.
- Was geschah mit dem Erdboden (Acker) durch die Schuld des Menschen?
- Was geschah mit der Schöpfung durch den Sündenfall des Menschen?
- Was wird mit der Schöpfung bei Jesu Wiederkunft geschehen? (Vgl. Jes 11,6-8)

Der Sündenfall hatte nicht nur den Menschen verändert, sondern auch die ganze Schöpfung (auf der Erde), über die der Mensch von Gott als Herrscher eingesetzt worden war. Die ursprüngliche Harmonie der Schöpfung wurde zerstört. Die Schöpfung wurde der Vergänglichkeit unterworfen. Mit dem Sündenfall kamen auch Krankheit und Tod (vgl. 1.Mo 2,17; 3,17); Tiere wurden wild und gefährlich (vgl. Jes 11,6-8[13]), manche Pflanzen sind nun schädlich (vgl. 1.Mo 3,18), es gibt schwere Stürme, Überschwemmungen, Trockenheit, Erdbeben sowie weitere Bedrohungen und Gefahren für den Menschen und die Schöpfung.
Eine Auswirkung des Sündenfalls ist auch die Entfremdung zwischen dem Menschen und der Schöpfung. Diese Entfremdung manifestiert sich auf zwei einander widersprechende Arten:

---

[13] Dieser Abschnitt in Jesaja beschreibt die Wiederherstellung der ursprünglichen Harmonie im Millennium.

1) Der Mensch betet die Schöpfung an und behandelt sie, als ob sie ein Gott wäre.
2) Der Mensch beutet die Schöpfung aus und zerstört sie; d.h., er behandelt sie völlig respektlos.

📖 Bitte lesen Sie Römer 1,19-23.
- Was kann der Mensch erkennen, wenn er die Schöpfung betrachtet?
- Was haben die Menschen getan, anstatt den Schöpfer anzuerkennen und anzubeten?

In Kapitel 3 ging es um das Verhältnis des Menschen zur geistlichen Welt. Wir sahen, dass Gott der Schöpfer, der Gott der Bibel, der *einzige* Gott ist und dass es keine anderen Götter außer IHM gibt. Wir sahen auch, dass es sich im Fall der angeblichen „Götter" um böse Geister handelt, die sich anbeten lassen, als ob sie Götter wären (1.Kor 10,19-20).
Die falsche Religiosität des Menschen ist jedoch nicht nur auf die Täuschungen des Teufels zurückzuführen, sondern sie könnte auch durch die Bedrohungen, Gefahren und Feindseligkeiten verursacht werden, die der Mensch seit dem Sündenfall in der Natur wahrnimmt. Die Folge davon ist die Anbetung der Natur oder von Teilen der Schöpfung. Der Mensch versucht auf diese Weise, die Naturgewalten zu beruhigen, sich vor Gefahren zu schützen und seine Ernährung zu sichern. Doch so zu handeln ist nicht weise, sondern töricht (vgl. Röm 1,22), denn man verwechselt die Schöpfung mit dem Schöpfer und Seiner Macht. Wenn der Mensch also in der richtigen Beziehung zur Natur und zu anderen Geschöpfen leben will, muss er den Schöpfer anbeten und nicht die Schöpfung!

Zum Nachdenken:
- Gibt es in unserer westlichen Welt auch heute noch die Tendenz, anstelle des Schöpfers die Schöpfung anzubeten? Wie äußert sich das?

Die zweite Art, wie sich die Entfremdung des Menschen von der Schöpfung manifestiert, ist genauso schwerwiegend und wohl das Hauptproblem in unserer westlichen Welt. Im Folgenden soll es also nun um die Ausbeutung und Zerstörung der Schöpfung durch den Menschen gehen.

Aufgrund seiner Sündhaftigkeit hat der Mensch die Tendenz der Natur mehr Ressourcen als nötig zu entnehmen und sich Besitz anzuhäufen. Mit der Industrialisierung und dem Bevölkerungswachstum hat sich die Ausbeutung natürlicher Ressourcen und die Zerstörung der Umwelt immer weiter beschleunigt. Die Zerstörung der Umwelt ist heute eines der schwerwiegendsten Probleme, das globale Auswirkungen hat. Unter anderem beeinträchtigt die Verschmutzung von Wasser, Luft und Böden die Gesundheit vieler Menschen, und die klimatischen Veränderungen verursachen zusätzliche Schäden.

📖 Bitte lesen Sie 2.Mose 19,5 und Psalm 24,1.
- Wer ist der Eigentümer der Erde?
- Wen beleidigen wir, wenn wir die Erde zerstören?

Gott hat dem Menschen den Auftrag gegeben, über die Erde zu herrschen (1.Mo 1,26.28; 9,1-3), sie zu bebauen und zu bewahren (1.Mo 2,15). Gott sorgt für die Bedürfnisse des Menschen und anderer Geschöpfe (vgl. 1.Mo 8,22; Ps 104,27-28; 145,15-16; Mt 6,25ff). Der Mensch hat das Recht zu essen und die Früchte seiner Arbeit zu genießen, sich zu kleiden, sein Haus zu bauen und sich vor Gefahren zu schützen (vgl. 5.Mo 20,5-6; Jer 29,5; 1.Tim 6,17; 2.Tim 2,6). Doch Gott ist und bleibt immer noch der Eigentümer der Erde (2.Mo 19,5; Ps 24,1)! Die Aufgabe des Menschen ist die eines Verwalters, der sich sorgsam um das Eigentum seines Herrn kümmern soll. Doch aufgrund seiner Sündhaftigkeit übt der Mensch seine Verwalterschaft mangelhaft aus, und mit seiner Art, die Schöpfung zu behandeln, beleidigt er seinen Schöpfer.

Im mosaischen Gesetz hatte Gott dem Volk Israel einige Gebote gegeben, die mit der Schöpfung und mit anderen Geschöpfen zu tun haben. Aus diesen Geboten lassen sich wertvolle Grundsätze ableiten, die uns zeigen, wie wir die Schöpfung richtig regieren und verwalten sollen.

📖 Bitte lesen Sie 2. Mose 20,8-11.
- Welches Gebot wird auch auf das Vieh angewandt?

- Was lehrt uns dieses Gebot über den Wert des Viehs für Gott?

📖 Bitte lesen Sie 2. Mose 23,5; 5.Mose 25,4 und Sprüche 12,10.
- Was lehren uns diese Verse darüber, wie wir Tiere behandeln sollen?

📖 Bitte lesen Sie 5.Mose 22,6-7.
- Welches wichtige Prinzip lehrt uns dieses Gebot?

📖 Bitte lesen Sie 3.Mose 25,3-5.
- Was sollten die Israeliten in jedem siebten Jahr tun?
- Welches Prinzip lehrt dieses Gebot?

📖 Bitte lesen Sie 5.Mose 20,19-20.
- Welche Arten von Bäumen werden hier unterschieden?
- Impliziert die Erlaubnis, gewisse Bäume als Baumaterial nutzen zu dürfen, das Recht, ganze Wälder wahllos zu fällen?
- Welches wichtige Prinzip kann aus diesen Versen abgeleitet werden?

Die Hauptgründe für die übermäßige Ausbeutung der Natur sind die Gier und die Habsucht des Menschen; d. h., sein Wunsch, immer mehr materielle Dinge zu besitzen. Gier und Habsucht sind Sünden, die dem menschlichen Herzen entspringen und zu weiteren Sünden führen: Raub, Betrug, Ausbeutung von Arbeitskräften, Mord, Götzendienst - und auch zur exzessiven Ausbeutung der Natur und zur Umweltzerstörung. Eigentlich ist es ein geistliches Problem. Daher ist es wichtig, zu beachten, was die Bibel uns darüber zu sagen hat.

📖 Bitte lesen Sie 2.Mose 20,17.
- Was verbietet Gott in diesem Gebot?
- Haben Sie dieses Gebot auch schon gebrochen? Wie?
- Was tun Sie, um Ihr Herz zu bewahren und dieses Gebot nicht zu brechen?

📖 Bitte lesen Sie Kolosser 3,5.
- Was lehrt uns dieser Vers über die Habsucht?
- Warum ist Habsucht eine Form von Götzendienst?
- Sind Sie anfällig für Habsucht? Was tun Sie, um Ihr Herz davor zu bewahren?

📖 Bitte lesen Sie Matthäus 6,19-21.
- Was sagt der Herr Jesus über das Ansammeln von Schätzen hier auf der Erde?
- Welchen Einfluss haben unsere Schätze auf unser Herz?

📖 Bitte lesen Sie Jakobus 5,1-6 und Offenbarung 18,3.7-14.
- Wie bewertet die Bibel das protzige Leben der Reichen?
- Welche Sünden hängen mit dem exzessiven Luxus zusammen?

📖 Bitte lesen Sie 1.Timotheus 6,9-10.
- Was sagt die Bibel über den Wunsch, reich werden zu wollen?
- Was ist die Wurzel alles Bösen?
- Welche Gefahr geht von der Habsucht aus?

📖 Bitte lesen Sie 1.Timotheus 6,7-8.17 und Hebräer 13,5-6.
- Welche Einstellung sollten wir angesichts unserer materiellen Bedürfnisse haben?
- Was ist der Unterschied zwischen einer Haltung der Genügsamkeit/Zufriedenheit und dem Wunsch immer mehr besitzen zu wollen (Habsucht)? Welche Haltung macht glücklicher?
- Zu welchem Zweck gibt Gott uns die Dinge, die wir zum Leben brauchen? (Vgl. 1.Tim 6,17)
- Sind Sie mit Gottes Versorgung zufrieden? Sind Sie ein genügsamer und zufriedener Mensch?

Das Gegenteil von Gier und Habsucht ist Genügsamkeit und mit Gottes Versorgung zufrieden zu sein. Wenn Gott versorgt und die Früchte unserer Arbeit segnet, dann spricht nichts dagegen, dass es uns wohlergeht und wir uns an dem erfreuen, was Gott uns gibt. Im zweiten Teil dieses Kapitels werden wir noch über

Geld und Besitz sowie den richtigen Umgang damit, nachdenken. Zunächst wollen wir uns aber auf unsere Beziehung zur Natur und den Mit-Geschöpfen konzentrieren.

Wir sahen, dass die exzessive Ausbeutung der Natur zur Umweltzerstörung führt und dass die Gier und Habsucht des Menschen der Hauptgrund dafür ist. Daher brauchen wir eine Veränderung unserer Denkweise und unserer Einstellung, damit sich unsere Art zu handeln ändert (vgl. Röm 12,2). Gerade wir als Gläubige sollten uns nicht mehr nach den Maßstäben dieser Welt richten, sondern unsere Art, wie wir denken von Gott erneuern lassen, umdenken und das Richtige tun. Unsere Denk- und Handlungsweise zu ändern impliziert, sich selbst Grenzen zu setzen und nicht alles zu tun, zu haben und zu konsumieren, was möglich ist! Beim Lesen von 3.Mose 25,3-5; 5.Mose 20,19-20 sowie von 5.Mose 22,6-7 haben wir konkrete Beispiele dafür gesehen, wie bewusst eine Grenze gesetzt wird, damit man nicht alles tut, was im Bereich des Möglichen liegt, und wie auf diese Weise die Schöpfung geschützt und bewahrt wird.

In seinem Buch „Das programmierte Ende" macht Francis Schaeffer bemerkenswerte Aussagen, die uns nachdenklich stimmen sollten:

„Ich bin ein im Bilde Gottes geschaffenes Wesen und mit einer rational-moralischen Beschränkungsfähigkeit ausgestattet. Somit ist nicht alles, was der Mensch tun kann, recht. Und dieses Problem läßt sich bis zum Garten Eden zurückverfolgen. Von ihrer körperlichen Struktur her konnte Eva die Frucht essen, und dasselbe gilt für Adam. Aufgrund der zweiten Einschränkung aber, aufgrund des moralischen Gebotes und des Charakters Gottes, war es falsch die Frucht zu essen. Eva sollte sich selbst beschränken, sollte etwas unterlassen, was sie tun *konnte*. In der Technologie unternimmt der moderne Mensch alles, was er kann - und das ist das einzige einschränkende Prinzip. Der moderne Mensch, der sich als autonom betrachtet und keinen persönlich-unendlichen Gott kennt, der gesprochen hat, besitzt kein angemessenes Universalprinzip, das ihm die notwendige zweite Begrenzungslinie vorzeichnen könnte; und weil der Mensch gefallen ist, ist er nicht nur endlich, sondern auch sündig. Daher haben auch seine pragmatischen Entscheidungen keinen anderen Bezugspunkt als den menschlichen Egoismus. Es gilt das Gesetz des Stärkeren, der Mensch frißt den Menschen, der Mensch frißt die Natur. Der Mensch in seiner Habgier sieht keinen Grund, die Natur nicht zu vergewaltigen und sie als „Konsumobjekt" zu behandeln. Die Natur als solche hat für ihn keinen Wert und keine Rechte. Zusammenfassend läßt sich sagen: Wo die Dinge nur als autonome Maschinen in einer entschaffenen Welt behandelt werden, sind sie letztlich sinnlos. Dann aber bin auch ich - als Mensch - unausweichlich autonom und ebenso sinnlos. Wenn ich hingegen individuell und in der christlichen Gemeinschaft die Dinge, die Gott geschaffen hat, rücksichtsvoll behandle und ihnen Liebe erweise, weil sie sein Eigentum sind, dann *wird alles anders*. Wenn ich den liebenden Schöpfer liebe, dann liebe ich auch, was er gemacht hat. Vielleicht empfinden deshalb so viele Christen ihr christliches Leben als unwirklich: Wenn ich nicht liebe, was der liebende Schöpfer gemacht hat - im Bereich des Menschen und im Bereich der Natur -, es nicht wirklich liebe, *weil er es gemacht hat*, liebe ich dann überhaupt den Schöpfer?"[14]

Zum Nachdenken:
- Haben Sie sich selbst Grenzen gesetzt, um nicht alles, was möglich ist, auch zu tun, zu haben und zu konsumieren?
- Was können Sie selbst zum Schutz und zur Bewahrung der Schöpfung beitragen?
- Was sollte unsere Motivation sein, Gottes Schöpfung mit Respekt zu behandeln und zum Schutz der Schöpfung beizutragen?

---

[14] Francis A. Schaeffer, *Das programmierte Ende. Umweltschutz aus christlicher Sicht*, S.68f. Dieses Buch von Francis Schaeffer ist sehr lesenswert; leider ist es aber nur noch antiquarisch erhältlich.
Außerdem kann ich folgenden Artikel von Bert Görzen, der auf der Internetseite des Instituts für Ethik und Werte zum Download verfügbar ist, empfehlen: Görzen, Bert. „Die Erde ist des Herrn": Entwurf einer christlichen Umweltethik, in: Texte zur Diskussion Nr. 20, Forum Ethik Impulse zur Orientierung (Hg. Institut für Ethik & Werte). https://www.ethikinstitut.de/download/372/

Die Beziehung zur materiellen Welt: Geld und Besitz

Ein wichtiger Teil unserer Beziehung zur materiellen Welt hat mit dem Umgang mit Geld und Besitz zu tun. Gott erlaubt uns, materielle Dinge als persönlichen Besitz zu haben und Er schützt dieses Recht durch Sein Gebot (vgl. 2.Mo 20,15). Allerdings können Geld und materielle Dinge für uns zu einem Götzen werden (vgl. Kol 3,5) und unser Herz von Gott abwenden. Als Gläubige müssen wir lernen, unser Geld und unseren Besitz nach Gottes Willen zu verwalten.

Der richtige Umgang mit Geld und Besitz hat mehrere Aspekte:
- Unsere Einstellung
- Neid und Begierde
- Sich Sorgen machen und nicht sorgen
- Der Zehnte
- Soziale Verantwortung
- Geld gut verwalten

1) Unsere Einstellung zu materiellen Dingen und zum Wohlstand

Wir müssen uns selbst prüfen, wie unsere Einstellung zu materiellen Dingen ist. Wie wir bereits im vorhergehenden Abschnitt sahen, als es um die exzessive Ausbeutung der Natur ging, warnt uns die Bibel vor der Habsucht (Kol 3,5), d.h., vor dem Wunsch viele Dinge besitzen zu wollen. Ein Habsüchtiger ist ein Süchtiger, denn er will und braucht immer mehr und ist niemals zufrieden. Er ist im wortwörtlichen Sinn ein „Materialist", er lebt dafür, um materielle Dinge aufzuhäufen.

Ganz grundsätzlich sind materielle Dinge nichts Schlechtes, wir brauchen materielle Dinge! Wir müssen jedoch sehr vorsichtig sein, nicht auf die Dinge zu vertrauen, die wir haben, sondern auf Gott (vgl. Mt 6,19-34; Kol 3,5; Phil 4,12-13; 1.Tim 3,3; 6,3-10; 6,17-19).

2) Neid und Begierde

Neid und Begierde sind eng mit der Habsucht verwandt. Neid bedeutet, dass jemand anderes etwas hat, was ich nicht habe;

aber anstatt mich zu freuen, dass der andere so etwas hat, bin ich missgünstig, weil ich es selbst gerne hätte. Neid führt zur Begierde, d.h., dem starken Wunsch zu haben und zu bekommen, was jemand anderem gehört.

In 1.Könige 21 finden wir einen Bericht der uns zeigt, wie weit uns Neid und Begierde führen können; nicht umsonst werden wir in der Bibel davor gewarnt! (Vgl. 2.Mo 20,17)

📖 Bitte lesen Sie 1.Könige 21,1-24.
- Was begehrte König Ahab?
- Was tat seine Frau Isebel, sobald sie von der Angelegenheit erfuhr?
- Was tat Ahab nach dem Tod von Nabot?
- Wie reagierte Gott auf die bösen Taten von Ahab und Isebel?

Viele Morde beginnen mit Neid im Herzen, der sich immer mehr zu einer starken Begierde nach dem Besitz anderer Menschen entwickelt. Vgl. 2.Mo 20,17; 5.Mo 5,21; Mk 7,22-23; Röm 1,29; 13,9.13; Kol 3,5; Tit 3,3; Jak 1,14-15; 1.Petr 2,1; 1.Joh 2,16-17.

3) Sich Sorgen machen und nicht sorgen

Als Menschen haben wir auch materielle Bedürfnisse. Wir brauchen Nahrung, Kleidung, Wohnung und andere Dinge; es ist ganz natürlich, dass wir diese Bedürfnisse haben.

📖 Bitte lesen Sie Matthäus 6,25-34.
- Um welche Dinge sollen wir uns nicht sorgen? Warum nicht?
- Welche Beispiele gebraucht Jesus, um Gottes Fürsorge zu veranschaulichen?
- Welcher Unterschied besteht zwischen den „Heiden" („Nationen", je nach Übersetzung) und den Gläubigen?
- Was weiß unser himmlischer Vater?
- Was soll für den Gläubigen Priorität haben? Wonach soll er zuerst trachten?
- Warum ist es wichtig, die richtigen Prioritäten zu haben? Welche Verheißung verbindet der Herr Jesus damit?

- Was hat jeder Tag? Was sollen wir angesichts dieser täglichen Herausforderung tun?

📖 Bitte lesen Sie Matthäus 6,11; Lukas 11,3; Philipper 4,6-7 und 1.Petrus 4,7.
- Was dürfen und sollen wir tun, wenn Sorgen in unserem Herzen aufkommen?

Der Herr Jesus erklärt uns in der Bergpredigt, dass wir die richtige Einstellung zu materiellen Dingen haben müssen (Mt 6,19-24), wir unsere Prioritäten in unserem Leben richtig setzen sollen (Mt 6,33) und dass wir darauf vertrauen sollen, dass unser himmlischer Vater uns mit allem lebensnotwendigen versorgen wird (Mt 6,25-34). D.h., wir sollen uns um materielle Dinge keine Sorgen machen, sondern auf Gott vertrauen, dass Er uns mit allem versorgt, was wir benötigen; gleichzeitig dürfen und sollen wir dafür beten.
Manchmal werden die Hinweise von Jesus auf die Vögel und auf die Blumen (Mt 6,26-30) in der Weise falsch verstanden, dass manche meinen, sie bräuchten nicht mehr zu arbeiten. Aber wir dürfen dieses Beispiel nicht missverstehen und zum Vorwand nehmen, ein nachlässiges und faules Leben zu führen.

📖 Bitte lesen Sie 2.Mose 20,8-11.
- Was sollen wir am siebten Tag der Woche tun?
- Was sollen wir an den anderen sechs Tagen der Woche tun?

📖 Bitte lesen Sie Sprüche 6,6-11 und Sprüche 21,25.
- Wie wird Faulheit in der Bibel bewertet?
- Welche Folgen hat Faulheit?

📖 Bitte lesen Sie Apostelgeschichte 20,35 und 1.Thessalonicher 4,11-12.
- Was hat Paulus die Gläubigen gelehrt?
- Aus welchem Grund und zu welchem Zweck lehrte Paulus, dass der Gläubige arbeiten soll?

📖 Bitte lesen Sie 2.Thessalonicher 3,6-15.
- Was lehrte Paulus über den Umgang mit Glaubens-

geschwistern, die unordentlich lebten und nicht arbeiten wollten?

- Welchen Grundsatz lehrte Paulus die Gemeinde in Thessalonich?
- Was sollen die unordentlich lebenden Gemeindeglieder tun?
- Ist es richtig, dass jemand, der arbeiten kann und auch einen Arbeitsplatz finden würde, nicht arbeitet und auf Kosten anderer lebt? Wie ist die Haltung eines solchen Menschen zu bewerten, insbesondere, wenn er Christ ist?

Die Bibel sagt, dass wir zuerst nach Gottes Reich und seiner Gerechtigkeit trachten sollen (Mt 6,33), aber gleichzeitig sollen wir uns auch unserer Arbeit widmen, im Vertrauen auf Gottes Segen (vgl. 2.Mo 20,9; Pred 6,6-11; 21,25; Mt 6,25-34; Lk 8,14; 12,25f; Apg 20,35; Eph 4,28; Phil 4,6; 1.Thess 4,11-12; 2.Thess 3,6-15; 1.Petr 5,7).

Zum Nachdenken:
- Wie reagieren Sie, wenn Sorgen in Ihrem Herzen aufkommen?
- Fällt es Ihnen leicht, darauf zu vertrauen, dass Gott für Ihre materiellen Bedürfnisse sorgt?
- Welche Bedeutung spielt Gottes Reich und seine Gerechtigkeit in Ihrem Leben?
- Wie ist Ihre Einstellung zur Arbeit?

4) Den Zehnten geben

Zur Zeit des Alten Testaments war es üblich, dass die Gläubigen Gott ein Zehntel ihres Einkommens (zurück)gaben (vgl. 1.Mo 14,20; 3.Mo 27,30-33; 5.Mo 12,5-6.11.17; Mal 3,8-12). Zusätzlich gaben sie weitere freiwillige Gaben (vgl. 2.Mo 35,29; 5.Mo 12,6). Die Leviten und die Priester lebten vom Zehnten (vgl. 4.Mo 18,21; 5.Mo 18,1); aber es wurden auch die sozial Schwachen, die im Land lebten und keinen Grundbesitz hatten (vgl. 5.Mo 26,12ff), d.h. Waisen, Witwen und Fremdlinge, damit unterstützt.
Auch im Neuen Testament lesen wir, dass es unter den

Gläubigen üblich war, etwas von seinen Einkünften für die Arbeit im Reich Gottes und die Unterstützung von Bedürftigen zu geben (vgl. Mk 12,41ff; Lk 10,7; 1.Kor 9,13-14; 16,1-4; 2.Kor 8,1-15; 9,1-13; Phil 4,10-19; 1.Tim 5,18).

Den richtigen Umgang mit unserem Geld und Besitz zu lernen beinhaltet, zu lernen, den Zehnten zu geben, selbst wenn wir nur ein geringes Einkommen haben (vgl. 1.Kor 16,2; Mk 12,42-44).

📖 Bitte lesen Sie Maleachi 3,8-12.
• Welchen Vergehens machten sich die Israeliten schuldig?
• Was sollten die Israeliten tun?
• Welche Verheißung gab Gott ihnen in Bezug auf den Zehnten?

📖 Bitte lesen Sie 1.Korinther 9,13-14.
• Welches Recht hatten die Priester, die im Tempel dienten?
• Was hat der Herr für diejenigen angeordnet, die das Evangelium verkünden?

📖 Bitte lesen Sie 1.Timotheus 5,17-18.
• Was verdient ein Arbeiter?
• Was verdienen diejenigen, die Gottes Wort verkündigen und lehren?

📖 Bitte lesen Sie 1.Korinther 16,1-4.
• Über welches Thema schreibt Paulus in diesen Versen?
• Welche Anordnungen gab er in dieser Angelegenheit?

📖 Bitte lesen Sie Markus 12,41-44.
• Was tat der Herr Jesus?
• Wie bewertete der Herr das Opfer der armen Witwe?

📖 Bitte lesen Sie 2.Korinther 9,6-15.
• Was lehrt uns Paulus in diesem Abschnitt über die Art und Weise, wie wir geben sollen?
• Wer hat für die nötigen Ressourcen gesorgt, damit wir spenden können?
• Wem gebühren der Dank und die Ehre für die Spenden, die

wir geben?

Zum Nachdenken:
* Spenden Sie regelmäßig einen Teil Ihres Einkommens, um die Arbeit Ihrer christlichen Gemeinde, die Arbeit von Missionaren und/oder Bedürftige zu unterstützen?
* Mit welcher Motivation und Haltung spenden Sie?

5) Soziale Verantwortung übernehmen

Als Gläubige haben wir auch eine soziale Verantwortung. Die Bibel fordert uns auch dazu auf, sich um Schwache zu kümmern, insbesondere um Arme, Waisen und Witwen.

📖 Bitte lesen Sie 5.Mose 26,12.
* Wie wurde der Zehnte beim Volk Israel verwendet; wer wurde damit unterstützt?

📖 Bitte lesen Sie Psalm 146,9.
* Was tut der Herr?
* Welche Rolle spielen wir dabei?

📖 Bitte lesen Sie Apostelgeschichte 6,1-7.
* Was erhielten die Witwen der Gemeinde in Jerusalem?
* Welches Problem kam in der Gemeinde auf? War es nur *ein* Problem?
* Wie wurden diese Probleme gelöst? Welcher Segen entstand daraus?

📖 Bitte lesen Sie Apostelgeschichte 9,36-42.
* Wem diente Tabita und auf welche Weise tat sie das?
* Haben auch Sie Kenntnisse und Fähigkeiten, mit denen Sie Bedürftigen helfen könnten?

📖 Bitte lesen Sie Galater 2,9-10.
* Wozu wurden Paulus und Barnabas aufgefordert?
* Was tat Paulus?

📖 Bitte lesen Sie Epheser 4,28.
- Wozu forderte Paulus diejenigen auf, die gestohlen haben?
- Gilt diese Aufforderung nur für Diebe?

📖 Bitte lesen Sie 1.Timotheus 5,3-10.
- Welche Anordnungen gab Paulus Timotheus und der Gemeinde in Ephesus[15] bezüglich der Witwen, die zur Gemeinde gehörten?
- Warum war es wichtig, den Fall jeder einzelnen Witwe individuell zu untersuchen?

📖 Bitte lesen Sie Jakobus 1,27.
- Was bezeichnet Jakobus hier als „Gottesdienst"?

Die Aussagen der Bibel, die wir gerade zum Thema „soziale Verantwortung" gelesen haben, stammen aus einer Zeit, als es noch keine staatliche Sozialhilfe gab. Sie führten zunächst zur Entstehung einer Gemeinde-Diakonie und später auch zur Gründung diakonischer Institutionen und Einrichtungen, die sich um Menschen in allen möglichen Notlagen kümmern. Auch wenn Sozialhilfe und Diakonie in unserem Land weitgehend institutionalisiert und professionalisiert wurden, hebt das unsere soziale Verantwortung als Gläubige nicht auf.

Zum Nachdenken:
- In welcher Weise sind wir heute, als Gläubige, herausgefordert, soziale Verantwortung zu übernehmen?
- Welche Möglichkeiten habe ich ganz konkret, in meinem Umfeld soziale Verantwortung wahrzunehmen?
- Gibt es diakonische Initiativen meiner Gemeinde, die ich durch Spenden (passiv) oder durch meine Mitarbeit (aktiv) unterstützen könnte?

6) Geld gut verwalten

Als Gläubige sollen wir gute Verwalter der Gaben sein, die Gott

---

[15] Vgl. 1.Timotheus 1,3. Timotheus hielt sich zur damaligen Zeit in Ephesus auf und Paulus richtete sich in seinem Brief indirekt auch an die dortige Gemeinde.

uns anvertraut hat; das gilt nicht nur für Geistesgaben (vgl. 1.Petr 4,10), sondern auch für die materiellen Dinge (vgl. Mt 25,14-30). Gott erwartet von uns Treue in allem, was uns anvertraut ist. Treue beginnt im Kleinen; wenn wir im Kleinen nicht treu sind, wie können wir dann im Großen treu sein? (Vgl. Mt 25,23)

Interessant ist, dass es in mehreren Bibelstellen um die Verwalterschaft von *fremdem* Gut geht. Wir möchten zunächst ein paar dieser Bibelstellen kennenlernen und darüber nachdenken.

📖 Bitte lesen Sie Matthäus 25,14-30.
- Was erwartete der Mann in diesem Gleichnis von seinen Dienern?
- Wie verwalteten seine Diener das anvertraute Geld?
- Wie bewertete der Mann das Verhalten der ersten beiden Diener? Was wird betont?
- Wie wird das Verhalten des dritten Dieners bewertet?

📖 Bitte lesen Sie Johannes 12,6 und Johannes 13,29.
- Welche Aufgabe hatte Judas Iskariot in der Gemeinschaft der Jünger Jesu?
- Wie hat Judas Iskariot diese Aufgabe ausgeführt?
- Was lehrt uns der Fall von Judas Iskariot?

📖 Bitte lesen Sie Esra 7,11-23 und Esra 8,24-34.
- Mit welcher Aufgabe wurde Esra vom persischen König Artahsasta betraut?
- Wie erledigte Esra diese Aufgabe?
- Welche Vorkehrungen traf Esra, um eine gute Verwaltung der königlichen Schätze, die für den Tempel in Jerusalem bestimmt waren, sicherzustellen?
- Was können wir von diesem Beispiel lernen?

📖 Bitte lesen Sie 1.Korinther 16,3 und 2.Korinther 8,18-24.
- Wer sollte die gesammelten Spenden der Gemeinden in Mazedonien und Achaja zur Gemeinde in Jerusalem bringen?
- Worum war Paulus besorgt und was wollte er vermeiden?

- Was lehrt uns dieses Beispiel über die gute Verwaltung von Geld in der Gemeinde?
- Warum ist es gut, richtig und nötig, dass über die Verwaltung finanzieller Mittel Rechenschaft abgelegt wird?

Diese Bibelstellen machen deutlich, wie wichtig die persönliche Integrität beim Umgang mit fremdem Gut ist; gleichzeitig zeigen sie uns, dass der Mensch aufgrund seiner Gefallenheit auch versuchbar ist. Immer wieder kommt es vor, dass Menschen die ihnen anvertrauten Gelder veruntreuen. Diese Fälle beschränken sich leider nicht nur auf die „Welt", sie kommen gelegentlich auch in christlichen Gemeinden und Organisationen vor. Judas Iskariot war das traurige Beispiel eines Jüngers, der Geld veruntreute (Joh 12,6). Vermutlich war seine Habsucht auch einer der Gründe dafür, dass er seinen Herrn für Geld verriet.

Eine gute Verwalterschaft betrifft aber nicht nur den Umgang mit fremdem Gut, sondern in erster Linie und umso mehr den Umgang mit eigenem Geld und Besitz; in diesem Zusammenhang ist es vielleicht besser von „Haushalterschaft" zu sprechen. Zu einer weisen Haushalterschaft im biblischen Sinn gehört u.a. die Beachtung der 5 Aspekte, die wir bisher behandelt haben. Diese bilden so eine Art Werte-Fundament:
1. Meine Haltung im Blick auf materielle Dinge und Wohlstand - Genügsamkeit statt Geldliebe!
2. Vorsicht vor Neid und Begierde!
3. Sorgen und sich nicht sorgen - Arbeiten, Beten und die Sorgen auf Gott werfen!
4. Den Zehnten geben!
5. Soziale Verantwortung wahrnehmen!

Wie wenden wir diese Werte im Umgang mit Geld und Besitz konkret an? Und welche weiteren biblischen Prinzipien für den Umgang mit Geld und Besitz gibt es?
Wir sahen bereits, dass wir in der Bibel mehrfach dazu aufgefordert werden, uns an dem genügen zu lassen, was wir haben (*„Der Wandel sei ohne Geldliebe; begnügt euch mit dem, was vorhanden ist!"*; Hebr 13,5a). Dabei geht es einerseits um

unsere Haltung der Genügsamkeit. Doch darin steckt auch ein praktischer Aspekt: Nie mehr Geld auszugeben, als wir zur Verfügung haben!

Auf den ersten Blick scheint diese Wahrheit logisch, vernünftig und weise zu sein. Doch die Realität, die wir beobachten können, ist oft eine völlig andere; viele geben mehr aus, als sie haben. Mein Lehrer im Fach Volkswirtschaftlehre sagte einmal: „Die Leute kaufen sich Dinge, die sie nicht brauchen, mit dem Geld, das sie nicht haben, nur um den Nachbarn zu ärgern, den sie nicht leiden können!"

📖 Bitte lesen Sie 1.Mose 41,34-36.
- Welchen Rat gab Mose dem Pharao, angesichts der kommenden Hungersnot?

Josef riet dazu, Vorkehrungen zu treffen und auf die Zeit des Mangels vorbereitet zu sein. Es ist weise, in Zeiten des Überflusses nicht alles auszugeben, sondern etwas für Notzeiten zu sparen. D.h., der Überfluss in manchen Zeiten kann dabei helfen, finanzielle Durststrecken zu überstehen.

In diesem Fall riet Josef dazu den fünften Teil, d.h., 20% der Ernte aufzubewahren. Es ist sicherlich eine gute Sache 10% bis 20% des monatlichen Einkommens zu sparen - sofern dies möglich ist - und natürlich auch den Zehnten zu geben. In der Praxis empfiehlt es sich, nach Eingang des Gehalts, *zuerst* den Zehnten geben, und nicht erst am Ende des Monats, wenn womöglich kein Geld mehr da ist. Zuerst den Zehnten zu geben ist einerseits eine Frage der Prioritäten - zuerst nach Gottes Reich trachten (Mt 6,33) -, aber auch ein Ausdruck des Vertrauens auf Gottes Fürsorge.

Zu einer guten Haushalterschaft gehört also auch das Sparen, um eine weise Vorsorge für Notzeiten zu treffen (Empfehlung: zwei bis drei Monatsgehälter als Polster), um Mittel für größere Investitionen zurückzulegen und auf diese Weise die Notwendigkeit einer Kreditaufnahme und ihre Folgen (Zinsen, engeres Budget, Gefahr der Überschuldung) zu vermeiden oder zumindest zu reduzieren. Doch sollten wir darauf achten, dass wir aus den richtigen Motiven sparen, und nicht, um maßlos Reichtümer aufzuhäufen!

📖 Bitte lesen Sie Lukas 14,28-30.

• Jesus machte diese Aussage im Zusammenhang mit den Kosten der Nachfolge, doch sie enthält auch ein wichtiges Prinzip im Blick auf Vorhaben, die eine größere Ausgabe oder Investition erfordern. Welches?

Eine gute Haushalterschaft der finanziellen Mittel impliziert nachzudenken und die Kosten gründlich zu kalkulieren, bevor man ein Projekt beginnt oder größere Ausgaben macht. Tut man dies nicht, landet man leicht in der Schuldenfalle. Es ist gut, vor Augen zu haben, was die Bibel über Schulden und die Übernahme von Bürgschaften sagt.

📖 Bitte lesen Sie Römer 13,8.

• Was bedeutet das?

Paulus weist uns darauf hin, dass wir andere Menschen lieben sollen; dies ist eine „Schuld", die wir nie vollständig begleichen können, weil wir Sünder sind und aus diesem Grund anderen gegenüber immer Liebe schuldig bleiben. Doch darüber hinaus ist es nicht gut, Schulden zu haben; wir sollten Schulden vermeiden!
Doch die Bibel warnt uns nicht nur vor Schulden und den möglichen Konsequenzen, sondern auch davor, uns durch Garantien oder Bürgschaften für die Schulden anderer verantwortlich zu machen.

📖 Bitte lesen Sie Sprüche 6,1-5; 11,15; 17,18 und Sprüche 22,26-27.

• Womit muss ein Bürge immer rechnen?

• Was soll man tun (zumindest versuchen), wenn man bereits eine Bürgschaft übernommen hat?

Im Blick auf Bürgschaften sollten wir außerdem bedenken, dass in Deutschland eine übernommene Bürgschaft mit dem Tod des Bürgen nicht erlischt, sondern diese vererbt wird. D.h., Bürgschaften können auch negative Folgen für die Erben (Ehepartner, Kinder, etc.) haben!

Zum Nachdenken:
- Habe ich beim Lesen dieses Kapitels etwas Neues gelernt? Was?
- Hat Gott durch Sein Wort (die Bibelstellen in diesem Kapitel) zu mir gesprochen? Was?

Wir sind nun am Ende des letzten Kapitels und damit auch am Ende unseres Studiums verschiedener Aspekte der Nachfolge Jesu angekommen. Ich empfehle Ihnen, das erste Kapitel, das die Einführung ins Thema enthält (S. 9ff), nochmals kurz zu überfliegen. Schlagen Sie das Schaubild auf Seite 15 auf und denken Sie über folgende Fragen nach:
- Was haben Sie im Verlauf dieses Bibelstudiums gelernt?
- Inwiefern half Ihnen dieses Buch, ein breiteres Verständnis der empfangenen Errettung und der Herrschaft Jesu Christi zu entwickeln?
- Welches ist der nächste Schritt, um das, was Sie während Ihres Bibelstudiums gelernt haben, anzuwenden und zu praktizieren?

Weitere Bücher von Jürgen H. Schmidt

Hilfreiche Prinzipien der Bibelauslegung

Jeder, der die Bibel liest, legt sie auch aus. Oft geschieht dies aber eher unbewusst und subjektiv. Dabei besteht die Gefahr, biblische Aussagen misszuverstehen und falsch anzuwenden. Die Kenntnis hilfreicher Prinzipien der Bibelauslegung ist daher sehr nützlich und kann vor Irrtümern bewahren. "Hilfreiche Prinzipien der Bibelauslegung" gibt theologischen Laien eine kurze und komprimierte Einführung in die Thematik. Dazu gehört ein Überblick über unterschiedliche Textarten und Stilmittel in der Bibel, die für das Verständnis der Botschaft relevant sind. Außerdem wird die Anwendung der Auslegungsprinzipien beim Bibelstudium sowie die heutige Anwendung biblischer Aussagen behandelt.

ISBN (Printausgabe): 978-3-7412-8046-7 / ISBN (eBook): 9783743154834

Jüngerschaft mit dem Epheser-Brief

ISBN (Printausgabe): 9783751921206 / ISBN (eBook): 9783751964166

Ist die Bibel Gottes Wort? Gründe für die Glaub- und Vertrauenswürdigkeit der Heiligen Schrift.

ISBN (Printausgabe): 9783749454358 / ISBN (eBook): 9783750446168

Weihnachten ohne Jesus? – Den Grund für Weihnachten neu entdecken.

ISBN (Printausgabe): 978-3-8391-1721-7 / ISBN (eBook): 9783839161104

Glaubensspuren – von Böhmen nach Sachsen. Johannes Hus und Nikolaus Ludwig Graf von Zinzendorf.

ISBN (nur als eBook erhältlich): 9783734710438

Begegnungen in Peru. Urwaldindianer auf dem Weg ins 21. Jahrhundert.

ISBN (Printausgabe): 978-3-7386-2127-3 / ISBN (eBook): 9783739255538

Basics interkultureller Kommunikation. Bausteine für die Entwicklung interkultureller Kompetenz.

ISBN (Printausgabe): 978-3-8448-1992-2 / ISBN (eBook): 9783844848427

Weitere Informationen finden Sie auf der Autorenseite von Jürgen H. Schmidt: www.jürgenschmidt.net